정책홍보
잘하는 법

정책홍보
잘하는 법

신은주 지음

HOW TO
EXECUTE
POLICY PR
BEST

머리말

    필자는 대행사에서 잔뼈가 굵은 광고인이다. 본래 전공은 정치학이었고, 정치 광고에 오히려 관심이 많았다. 그래서 대학원 논문도 방송연예인의 정치 참여에 대해 썼고 졸업 후 그쪽으로 진로를 고민했다. 그러나 그때까지만 해도 우리나라 정치광고 회사는 선거 때만 반짝하는 곳이 많았고, 나는 젊은 혈기에 이들이 성에 차지 않았다. 그래서 차선으로 선택한 광고대행사에서 10년 넘게 일했다. 한화그룹 대행사 한컴에 입사해 한화그룹 기업 PR 광고, 대한생명, 동양매직, SK텔레콤, 63빌딩 등 다양한 광고 캠페인을 만들었다. 광고에 어느 정도 매너리즘을 느낄 무렵 정책홍보 분야를 알게 되었다. 정책홍보는 내 전공인 정치학과 광고, 홍보를 버무린 아주 매력적인 분야였다.

    회사에서 나온 후 준비 끝에 여성가족부에 홍보 전문 공무원으로 입사했다. 여성가족부는 광고인이었던 내가 정책홍보 분야에

첫발을 내딛기에 여건이 참 좋았다. 다른 중앙부처에 비해 여성 고위간부도 많았고 덜 권위적이고 덜 관공서스러웠다(?). 그곳은 기획홍보부터 언론홍보까지 홍보의 모든 분야를 다루고 있었다. 들어가자마자 기획홍보인 국민인식개선사업을 맡아 연간 홍보계획부터 예산 짜기는 물론, 집행까지 모든 것을 혼자 처리해야 했다. 그 머리 아픈 예산, 쏟아지는 국회 자료⋯⋯. 그런데 공조직으로 국민의 세금을 쓰며 일하는 곳에 뛰어든 이상 행정업무는 어느 정도 감수해야 했다. 거의 반은 행정, 반은 홍보였다. 하지만 어려웠던 행정 일이 손에 익어가면서 홍보를 어떻게 해야 할지 기획하는 것이 가장 큰 고민이었다.

아버지의 육아 참여를 독려하는 육아데이 캠페인, 다문화가족에 대한 인식 개선 캠페인, 조두순 사건으로 촉발된 우리아이지키기 캠페인 등 각종 캠페인에 여성가족부 특유의 업무인 성차별, 성매매 예방 등 어려웠지만 현실적인 정책들과 캠페인을 펼치며 참 열심히 일했던 기억이 난다. 그 후 중앙부처보다 좀 더 역동적인 서울시로 옮겼다. 서울시에서는 광화문 광장, 이순신 장군 동상, 아리수 언론홍보 업무를 했다.

필자도 처음에 정책홍보 일을 하면서 답답함을 느낄 때면 서점에 가서 관련 서적을 펼쳐보곤 했다. 그런데 정책홍보에 관한 책은 별로 없을뿐더러 시중에 나온 것들도 이론에 한정되다 보니 실무자로서 답답함을 느낄 때가 한두 번이 아니었다. 물론 홍보 분야, 그중에서도 정책홍보가 발전하려면 이론적 연구가 반드시 필요하다. 하지만 홍보, 광고, 정책홍보라는 것이 워낙 실용적인 학문이다 보니 아무리 책을 읽고 공부를 해도 실전에 부딪히면 답을 찾기가 쉽지 않다. 현장의 실무자에겐 '보도자료 헤드라인 작성법'보다 다른 사람이 쓴 헤드라인이 어떻게 고쳐지는가, 어떤 문제가 있는가 하는 실제 사례를 보는 것이 오히려 더 빨리 이해된다.

이 책을 쓴 목적도 여기에 있다. 10년 대행사 생활, 5년 여 정책홍보를 하면서 가장 아쉽고, 어렵고, 필요했던 가이드라인을 다양한 사례를 통해 쉽게 풀어내 정책홍보의 높은 벽을 실감하는 실무자들에게 직접적인 도움이 됐으면 하는 바람이다.

끝으로 이 원고가 한 권의 책이 되어 세상에 나오기까지 힘이 되어주신 도서출판 한울의 윤순현 과장님, 김진경 님께 감사의 마음을 전한다. 그리고 매의 눈으로 날카로운 조언을 아끼지 않은 나의 가장 좋은 벗 이봉기, 이나영에게도 고맙다는 말을 전한다.

2015년 9월

신은주

Chapter **3**

| 여전히 어려운 '언론홍보' · 123

Chapter 1

홍보 마인드만 갖추면
절반은 성공!

홍보는 안 하는 게 최고, 기자는 피하는 게 상책?

  처음 중앙부처에 들어갔을 때도 그렇고 서울시에서 일을 하면서도 늘 안타까웠던 건 공무원들의 홍보 마인드였다. 그동안 만난 많은 공무원들은 여전히 홍보를 어려워하고 언론을 피하려고 했다. 그래서인지 보도자료 하나 내는 것도 상당히 부담스러워한다. 보도자료 내면 어려운 기자를 상대해야 하고 모니터링도 해야 하며, 혹시 부정 기사가 나오면 뒷수습하는 것도 여간 까다로운 일이 아니다. 그래서 공무원 사이에서 '홍보는 안 하는 게 최고, 기자는 피하는 게 상책'이라는 인식이 지배적이다.

  정부가 하는 정책이나 사업은 국민의 생활과 밀접한 관련이 있기 때문에 아무리 작은 사안이라도 언론의 관심을 많이 받고, 국민에게도 냉정한 심판을 받는다. 그렇다 보니 이런 상황이 이해는 된다. 하지만 정책홍보를 통해 시민과 소통하길 바라는 홍보 담당자로서는 조금 답답한 현실이 아닐 수 없다.

  이런 분들을 볼 때면 해주고 싶은 이야기가 있다. 대다수의 사람이 생각하는 공무원의 이미지가 어떠한가? 일명 '철밥통'이라 불리며 정시 퇴근에 정년까지 보장된 장밋빛 직업이라고 생각할 것이다. 하지만 막상 공무원 세계에 들어와 보니 정시 퇴근은커녕

밤새는 건 부지기수요, 예상치 못한 사건·사고라도 터지는 날에는 주말이고 명절이고 사무실에 나와 대기해야 한다. 또 국감 예산 보고라도 있을 때는 늘 숫자 하나 가지고 씨름해야 하는 등 밖에서 보는 것과 달리 결코 만만한 직업이 아니다. 특히 사업이나 정책을 만들 때는 공무원이 관련 법령부터 리스크 검토, 향후 결과까지 정확하게 예측해야 하는 등 각고의 노력이 필요하다. 따라서 이렇게 국민을 위해 공들여 만든 정책, 사업은 널리 알리고 홍보해서 모든 국민이 누릴 수 있게 하는 것이 공무원의 의무이자 권리라고 강조하고 싶다.

정책홍보를 적극적으로 해야 하는 또 다른 이유는 정책은 일반 제품과는 다르기 때문이다. 일반 제품의 홍보가 제품을 많이 팔기 위해 노력하는 것이라면, 공공 정책홍보는 정책에 대해 설득하고 이해를 구하는 과정이다. 하나의 정책이 만들어지면 그 정책에 따른 이해관계자가 생기기 마련이다. 홍보란 이해관계자의 이해와 호응을 얻는 과정이다. 이해관계자에게 호응을 얻는다면 그 정책은 성공할 확률이 매우 높아진다.

최근 들어서는 블로그, 카페, 소셜 미디어 등이 발달해서 정보의 파급력, 여론의 다양성과 응집력이 더욱 강해졌다. 따라서 정부나 지자체가 일방적으로 정책을 추진하는 것은 실패로 가는 지름길이나 다름없다. 정책홍보를 할 때 가장 중요한 것은 '정책 콘텐츠'지만 콘텐츠까지 홍보 담당자가 만들어낼 수는 없다. 이럴 때 홍보 담당자가 미처 파악하지 못한 사업들을 사업 담당자가 먼저 알려주기만 한다면 홍보의 절반은 이미 시작된 것이다.

나날이 진화하는 정책홍보

그동안 우리나라의 정책홍보는 공보 위주로, 부정 기사를 막고 보도자료를 잘 쓰는 것이 주요 업무였다. 그런데 2002년 참여정부 시기 4급에서 5급 상당의 외부 홍보 전문가들을 영입하면서 큰 변화를 맞게 된다. 이때 중앙정부에만 60여 명의 민간인 홍보 전문가가 영입됐다.

기자 또는 대행사 출신의 전문가들이 민간 홍보 기법을 정책홍보에 도입하면서 기존의 언론을 중심으로 한 정책홍보는 대변혁기를 맞이했다. 이 변화는 중앙정부부터 시작되었다. 가장 눈에 띄는 변화는 '언론' 중심이었던 정부의 홍보가 국민과 직접 소통하는 '기획, 전략' 중심으로 바뀐 것이다. 이러한 변화의 배경에는 정부 정책을 홍보할 때 과거처럼 일방통행식으로 해서는 국민의 호응을 얻을 수 없다는, 공공기관들의 생각 변화가 있었다.

필자는 국정홍보처가 2005년에 만든 '긍정의 힘을 믿습니다'라는 공익광고를 보고 우리나라 정책홍보도 달라지고 있음을 피부로 느꼈다. 이는 지금 봐도 공익광고의 수작(秀作)이다. 기존의 광고가 일방적으로 교훈적인 메시지만 전하려 급급했다면, 이 작품은 설득력 있는 카피와 높은 비주얼 완성도로 공익광고의 또 다른 차원을 보여주었다.

표현 방법뿐만 아니라 정책홍보를 하는 매체도 하루가 다르게 발전하고 있다. 2013년 1월 12일 서울시가 신청사에 시민청을 열면서 개관식 행사를 진행했는데, 이 행사는 유튜브, 다음 TV팟 등을 통해 온라인으로 생중계되었다. 거의 모든 공공기관이 인터넷, 블로그, 카페, 뉴미디어 등을 활용한 홍보를 하고 있으며, 단체장의 트위터, 페이스북도 보편화되었다. 이제 언론은 정책홍보의 한 부분일 뿐 전체가 아니다. 오히려 뉴미디어를 이용한 홍보가 더욱 각광을 받는 시대가 되었다. 이에 홍보 담당자도 새로운 미디어에 늘 주의를 기울이고 우리 사업을 알리고 소통하는 데 이 매체를 어떻게 활용할지 연구하고 공부해야 한다.

정책홍보, 이제 '소통'의 시대로

인터넷, 블로그, 카페, 뉴미디어 등등 이제는 정보를 그 누구도 독점할 수 없는 시대가 왔다. 정책도 일방통행식으로 정부가 통보하고 집행하던 시대는 끝났다. 국민을 설득하고 호응을 얻어야 정책이 성공하는 시대가 된 것이다. 미국산 쇠고기 수입을 반대하는 촛불집회 사례에서도 볼 수 있듯이 국민들이 반대하는 정책에는 시위까지 벌어지고 있다. 국민의 공감과 지지를 얻지 않으면 정책은 성공할 수 없다. 그래서 이제는 홍보의 목표도 국민과의 '소통'이 되고 있다.

소통의 사전적 의미는 '막히지 아니해 잘 통함. 뜻이 서로 통하여 오해가 없음'이다. 이제는 말로만 하는 소통이 아니라 진정성 있는 소통이 이뤄져야 시민의 공감과 동의를 얻을 수 있다. 정책홍보가 앞으로 더욱 중요해지는 이유 중 하나다. 예전의 정책홍보가 일방적인 통보였다면, 이제는 이해와 설득이라는 함께하는 커뮤니케이션으로 변화하고 있다. 이렇게 정책에 대한 국민들의 이해를 높이는 데 주력하면서 다양한 홍보 기법과 세련된 표현을 이용해 흥미를 유발하고 재미를 주는 것은 홍보의 효율성 측면에서도 매우 바람직하다.

이제 정책홍보를 어떻게 더 효과적으로 할지를 고민할 때다. 정부의 한정된 인력과 정보, 예산 내에서 정책홍보를 더 적극적으로 하는 방법은 바로 전문화다. 서울시는 얼마 전 개개인을 분야별 전문가로 육성하기 위해서 경력을 관리해주는 인사 제도를 시행한다고 발표했다. 현재 공무원들은 순환보직제로 운영되고 있다. 순환보직제는 각종 이권에 연루되는 부정부패, 업무 침체 등을 예방하는 장점이 있지만, 업무의 연속성이 떨어지는 치명적인 단점도 있다.

이 같은 단점을 보완하기 위해 서울시는 경력개발제를 시행하고 있다. 직무 경력을 쌓기 원하는 직원은 자신이 원하는 부서에 배치해 최소 3년 이상 근무한 뒤, 이후에도 비슷한 직무를 수행하게 하는 것이다. 이는 아주 바람직한 현상이다. 특히 언론을 통한 정책홍보는 언론과 홍보, 그리고 정책에 대한 이해가 선행되어야 하는 전문 분야다. 그런데 일반 공무원은 행정 보직 때문에 홍보에 대해 어느 정도 감을 터득할 무렵 다른 과에 배치되고, 언론홍보에 대한 경력이나 지식이 없는 사람이 어쩔 수 없이 홍보 일을 맡기도 한다.

여기서 문제가 생긴다. 보도자료만 보더라도 이를 처음 써보는 사람은 낯설 수밖에 없다. 더군다나 한 부처나 기관의 홍보 담당자라면 각 부서에서 들어오는 보도자료를 다 수정·검토해야 하는데, 보도자료는 초안 쓰기도 어렵지만 서툴게 쓴 초안을 고치기란 더욱 어렵다. 또 부정 기사를 처리하거나 기자를 응대하는 일도 노하우가 필요하다. 이뿐인가. 여기에 요즘 홍보의 기본이 되는 블로그, 트위터, 페이스북까지 정책홍보 일을 처음 맡은 사람이 이 모든 것을 한 번에 공부하기엔 너무 벅차다. 앞으로 이런 현상은 더욱 심화될 것이다.

이런 의미에서 경력개발제 같은 제도는 매우 반가운 일이다. 정책홍보 관련 부서의 공무원은 홍보 관련 부서에서 지속적으로 근무할 수 있게 하고, 언론홍보 정책 전반에 대한 교육을 꾸준히 해야 한다. 더불어 보도자료 작성법, 기자 대하는 법, SNS(Social Network Service)를 활용한 홍보 등 정책홍보에 관한 역량을 키울 필요가 있다. 시민들이 이를 알아주고 지지하고 동의할 때 비로소 그 정책과 관련 부서가 더욱 빛날 것이다.

하나의 광고 캠페인을 만들기 위해선 광고 기획부터 시장조사, 콘셉트 소비자 조사 등 캠페인 전반에 대한 분석과 이해가 이뤄져야 한다. 정책도 마찬가지다. 정책 자체를 하나의 상품으로 보고 정책 전반에 대한 이해는 물론이요, 대상이 되는 타깃부터 여론조사, 그리고 이들을 어떻게 설득시킬 것인가까지 생각해야 한다.

이젠 거시적 안목을 갖고 전문가적인 발상으로 정책을 홍보해야 한다. 그래야 새로운 화두로 자리 잡은 시민과의 '소통'에 성공할 수 있다.

정책 입안 과정으로서 홍보

흔히 홍보라고 하면 만들어진 정책을 잘 알려 국민의 동의와 지지를 얻는 것이라고 생각하기 쉽다. 그러나 진정한 정책홍보란 결정된 정책을 알리는 것에 앞서 여론을 진단하고 정책에 이를 반영하는 일부터 시작한다. 정책 입안 단계부터 발표, 시행, 피드백, 사후 관리까지 정책 전반에 걸쳐 홍보가 관여하는 것이다.

정책 수혜자인 국민에게 정책을 입안 단계부터 오픈해서 의견을 수렴하고 모든 정책을 투명하게 알려야 국민의 전폭적인 이해와 공감을 받을 수 있다. 정책을 만들 때 여론을 얼마나 반영했는가는 정책 발표 당시 언론이나 시민의 반응을 살펴보면 알 수 있다. 이때는 정책을 입안할 당시 이미 여론 수렴 과정을 거쳤다는 것을 적극적으로 밝힐 필요가 있다. 따라서 정책을 입안할 때부터 여론을 수렴하는 체계적인 방안을 마련해야 한다. 이런 의미에서 모든 정책 담당자가 바로 홍보 책임자라고 할 수 있다. 여론 수렴 방안, 홍보 타깃, 홍보 목표, 세부 전략, 미디어 활용 방안 등 전략적인 내용을 담아야 한다.

특히 이 과정이 의미가 있는 것은 일어날 수 있는 문제를 예상해 미리 대안을 만들 수 있다는 점이다. 예전에는 정부가 일방적으로 정책을 만들고 집행했다. 그러나 지금은 국민의 수준이 높아지고, 특히 인터넷이라는 매체가 등장하면서 정보의 파급력이 커졌다. 이에 따라 국민이 정책에 즉각적으로 반응하여 여론을 형성하고 있다. 정부가 일방적으로 정책을 결정했다가는 인터넷이라는 공론장에서 만들어지는 국민의 여론을 막을 수가 없는 것이다. 국민의 요구와 이해를 정확히 파악하는 것은 이제 거스를 수 없는 흐름이 되었다.

2005년 참여정부의 부동산 정책 캠페인을 보면 이것이 어떤 과정을 거쳤는지 잘 알 수 있다. 부동산 정책은 당장 자신의 집값에 영향을 주기 때문에 국민들에게 초미의 관심사일 수밖에 없다. 그만큼 논란도 많고 정책이 발표된 후 말도 많고 탈도 많은 뜨거운 감자다. 2005년 정부가 하늘 높은 줄 모르고 치솟는 부동산 가격을 잡기 위해 또 다른 정책을 발표하겠다는 뉴스가 나왔다. 많은 관심을 받는 정책인 만큼 참여정부는 당시 떠오르던 뉴미디어인 인터넷을 정책 형성을 위한 채널로 선택했다. 이는 여론을 수렴해 정책을 만들려는 국내 최초의 시도였다. 정부가 정책을 결정한 후 국민에게 전달하던 방식을 벗어나, 정책 결정 과정에 국민이 직접 참여하게 해 정책 과정에서 일어나는 오해와 갈등을 줄여 국민의 지지와 이해를 돕는다는 것이다.

2015년 3월, 정부는 국민, 전문가, 공무원 등으로 구성된 '정부 3.0 디자인단'을 만들어 국민참여형 정책 개선 운영 모델로 육성하고 있다. 이들은 생활 주제, 학부모 주제, 정보공개 주제, 통일 주제 등 국민들의 참여 선호도가 높고 파급효과가 큰 정책 과제들을 선정하고 정책 아이디어를 모았다. 이렇게 모인 아이디어 중 집중 육성과제로 채택되는 것들은 컨설팅 등 정부의 집중 지원을 받아 정책에 반영된다. 실제 정부 3.0 디자인단의 아이디어가 반영되어 경찰청은 스마트폰, 블랙박스 등을 통한 각종 범죄현장의 영상·사건정보를 시민제보로 범죄수사에 활용하는 시스템을 적극 구축했다. 또 자발적 시민제보를 활성화하기 위해 성과보수(인센티브) 제도를 설계하기로 했다.

여성가족부는 일하는 엄마(워킹맘)를 위해 일·가정 양립 정보를 종합적으로 제공하는 앱 서비스의 인지도를 높이기 위한 전략을 비롯해 앱 서비스 개선 방안 등을 발표했다. 법무부의 경우 외국인 근로자가 퇴직할 때 고용부와 법무부로 이원화된 고용변동 신고를 일원화하는 한편 채용 관련 신고(취업개시 등)도 단일화하는 방안을 모색한다는 계획을 내놨다. 농촌진흥청은 식물을 활용한 심리치유 프로그램을 개발하면서 개인뿐만 아니라 가족 단위 치유 프로그램까지 확대 개발하기로 했다.

모든 정책 담당자가 홍보 책임자다

이제 정책의 성패를 '소통'이 좌우하는 시대가 왔다. 정책이나 사업을 추진할 때 시민과 소통하는 것은 필수사항이다. 모든 사업 담당자는 홍보 책임자가 되어야 한다. 그런데 정책이나 사업을 맡은 담당자 입장에서는 이런 상황이 조금 의아할 수도 있다. 공공기관은 조직마다 체계가 조금씩 다르긴 하지만 홍보를 총괄하는 부서가 있고, 조금 큰 조직은 사업 부서마다 홍보 담당자가 지정되어 있다. 또 공무원은 기본적으로 업무 분장이 되어 있고, 그 분장에 따라 결과까지 책임져야 하는 구조다. 그러니 사업이나 정책 담당자 입장에선 왜 내가 홍보까지 책임져야 하냐고 의문을 품는 것도 당연한 일이다.

그러나 공공기관의 홍보 부서 대부분은 모든 사업 부서의 보도자료를 다 검토하고, 신문 모니터링, 기자 설명회도 해야 하며 캠페인 및 홍보 전략도 짜야 하는 등 무척 바쁘다. 조직 규모에 비해 인원이나 예산이 턱없이 부족한 것이 현실이다. 그렇기에 가만있어도 사회적 이슈가 되는 중대안 사안을 제외하면 대부분의 사업은 담당자가 콘텐츠를 들고 찾아가고 보도자료도 먼저 초안을 만들어 내미는 등 적극적인 태도를 보이는 것이 좋다. 홍보 부서는 어떤 포인트에 맞춰 홍보를 진행하고 어떻게 소통할 것인지에 관한 전략을 수립하는 곳이지 정책 콘텐츠까지 만들어낼 수는 없기 때문이다.

물건을 팔 때 광고를 잘 만드는 것도 중요하지만 가장 중요한 것은 바로 제품이다. 좋은 광고란 사람들이 많이 아는 광고, 많이 기억하는 광고가 아니라 제품의 콘셉트를 잘 살려 제품 구매까지 이어지게 하는 광고다. 정책도 마찬가지다. 이 정책이 시민에게 가져다줄 이익이 무엇인지, 어떤 타깃에게 홍보해야 설득력 있게 다가갈지, 어느 시기에 알려야 적절한지 가장 잘 아는 사람은 바로 정책 담당자다. 특히 공공기관에서 추진하는 사업이나 정책은 예산과 관련된 것이 많고 건설·토목 등 전문가가 아니면 이해하기 힘든 분야도 많다. 또 그 분야 정책 환경이나 그동안의 흐름, 예민한 부분 등도 담당자가 가장 잘 알고 있다.

가끔 외부에서 홍보 전문가가 영입되었다고 하면 보도자료 초안을 써달라고 하면서 사업계획서를 들고 오는 담당자가 있다. 하지만 보도자료를 초안부터 잡으려면 내용을 완전히 꿰고 있어야 하기에 홍보 담당자도 전문용어와 핵심 내용을 묻느라 사업 담당자를 본의 아니게 계속 괴롭히게 된다. 이럴 바엔 사업이나 정책을 가장 잘 아는 담당자가 초안을 써주는 것이 시간도 훨씬 절약되고 내용도 정확하다.

사업 담당자가 홍보 담당자의 역할도 해야 하는 또 다른 배경은 정책이나 사업계획을 수립할 때 시민 소통 전략이 필수이기 때문이다. 공무원이 사업을 추진하고 정책을 만들기 위해서는 '사업추진계획서'를 기안하고 결재를 받아야 하는 등 필수적인 행정 과정을 거쳐야 한다. 시민 소통 없이는 정책이 성공할 수 없다는 인식이 일반화되면서 예전엔 시장 상황, 핵심 내용, 예상 타깃, 소요 예산, 추진 일정, 행정 사항 등만 들어가면 되던 사업추진계획서에 이제 소통 전략도 빠짐없이 들어가고 있다.

즉, 사업 담당자가 소통 전략을 세울 수 있어야 한다. 바쁜 홍보 담당자에게 하나하나 다 물어볼 수도 없는 노릇이기 때문이다. 문더라도 기본적인 윤곽을 잡고 어떻게 갈지 문의하는 것이 좋다. 운 좋게도 A부터 Z까지 소통 전략을 세워주는 의욕적인 홍보 담당자를 만났더라도 전략의 타당성을 판단하고 그 결과까지 책임지는 최종 책임자는 바로 나라는 생각을 늘 해야 한다. 만에 하나 잘못된 홍보나 캠페인으로 사회적 물의를 일으킬 경우 그 책임은 바로 사업 담당자에게 있기 때문이다.

이러한 이유로 사업 담당자는 내가 바로 '홍보 담당자'라는 책임감을 가지고, 세부적인 홍보 전략까지 세울 수 있는 능력을 갖춰야 한다. 이 능력은 하루아침에 만들어지지 않는다. 이 책이 쓰인 의의가 여기에 있다. 이 책을 참고로 보도자료를 어떻게 써야 하는지, 홍보 계획은 어떻게 수립하는지, 캠페인은 어떨 때 필요한지, 프로모션과 이벤트에는 무엇이 있는지를 눈여겨보고 실전에 적용하다 보면 어느새 사업만 봐도 어떻게 소통해야 할지 방향이 보이는 준전문가 수준에 도달해 있을 것이다. 담당자가 사업추진계획을 잘 수립하는 것은 당연한 일이지만 소통 전략까지 전문가처럼 잘 포장해 온다면 조직 내에서 인정받는 것은 시간문제다.

사회 트렌드를 읽고 시민과 눈높이를 맞춰라!

공무원과 민간 기업인의 가장 큰 차이는 바로 직업의 '안정성'에 있다. 젊은 사람들이 공무원이 되기 위해 달려드는 가장 큰 이유도 바로 이 안정성이다. 하지만 앞으로도 공무원이 지금처럼 안정적인 직업일까? 변화는 이미 시작되고 있다. 2015년 정부는 공직사회의 개방성·경쟁력·전문성을 강화하기 위해 채용·승진 제도 등을 개편하기로 했다. 2017년까지 5급 이하 공채와 경력 채용의 신규 채용 비율을 같게 해 경력직을 확대하고, '무늬만 개방' 논란이 있던 개방형 직위는 민간 출신만 응시할 수 있게 해서 공직 개방 폭을 넓히겠다는 의도를 밝혔다. 이제 공무원도 전문가가 되지 않으면 살아남기 힘든 시대가 왔다.

정책홍보 분야의 전문가가 되려는 공무원은 사회 트렌드와 뉴스를 항상 가까이 해야 한다. 요즘 젊은이들이 무엇을 좋아하는지, 주부들은 시간을 어떻게 보내는지, 중년 남자가 방황하는 이유가 무엇인지를 알아야 국민과 소통하는 홍보를 만들 수 있다. 2005년 통일부에서 당시 청소년에게 획기적인 인기를 끈 온라인 자동차 경주 게임 '카트라이더'를 활용해 청소년층을 대상으로 정책홍보를 한 적이 있다. 카트라이더 사이트에 통일 관련 이벤트를 열어 청소년이 게임을 하면서 'I Love Unikorea', '통일사랑 나라사랑' 등의 메시지를 자연스럽게 접하게 하고, 통일 문제에 관한 플래시 애니메이션 퀴즈 대항전 등을 개최했다. 오프라인에서는 통일부 장관이 참석하는 '통일부와 함께하는 카트라이더 최강전' 행사를 진행했다.

통일 문제는 청소년에게 꼭 필요한 교육이지만 불조심만큼이나 고리타분하고 진부하게 느낄 수 있는 소재다. 그러나 청소년에게 인기 있는 게임을 이용해 다가감으로써 좀 더 친근하게 어필할 수 있었다. 이는 온라인 게임을 활용한 최초의 정책홍보로 기존의 홍보 방식을 탈피한, 타깃에 맞춘 획기적인 시도로 평가받았다.

당시 카트라이더는 1998년부터 국내 게임 시장에서 1위를 고수하던 스타크래프트를 이길 정도로 인기가 대단했다. 온라인 사이트의 회원만 해도 1100만 명을 넘어설 정도였다. 통일부는 청소년이라는 타깃의 눈높이에 맞춰 그들에게 가장 인기 있고 어필할 수 있는 것이 무엇인지 연구해 카트라이더라는 온라인 게임을 찾아냈다.

이 외에도 법무부는 2011년 어린이·청소년 대상 온라인 법 체험 테마파크인 '법사랑 사이버랜드'를 만들었다. 법사랑 사이버랜드는 '유아놀이터, 어린이세상, 청소년로스쿨, 교사자료실, 법아 알려줘, 법사랑도서관' 등 6개 코너로 구성됐으며, 코너별로 플래시 게임·애니메이션 등 어린이와 청소년의 흥미를 끌 만한 소재들을 실었다. 어린이에게 친근한 게임 애니메이션 등의 콘텐츠를 통해 법률 상식을 직접 체험하고 생활 법률 정보도 제공받을 수 있어 어려운 법을 좀 더 쉽고 빠르게 배울 수 있게 했다.

또 최근 키자니아, 잡월드처럼 여러 가지 직업을 모아놓고 직업 체험을 하는 테마파크가 인기를 얻고 있다. 공공기관에서도 이런 트렌드에 발맞춰 2015년 5월, 서울 강남구 삼성동 코엑스에서 대한민국의 행정 서비스를 한자리에서 볼 수 있고 체험할 수 있는 정책 테마파크 행사를 개최했다. 생활 밀착도가 높고 국민 고충 해결에 파급 효과가 큰 사례 156개를 모아 시민들이 직접 참여하고 체험하는 테마파크형 전시로 구성되었다. 중앙부처 44개, 17개 시도가 모두 참여해 주요 정책을 전시하고 소개했는데, 이렇게 모든 행정기관, 공공기관, 지방자치단체가 참여해 정책을 소개하는 행사는 처음이었다.

이런 것이 바로 눈높이 홍보다. 정책 타깃의 요즘 관심사가 무엇인지, 어떤 것이 사회 트렌드인지를 알고 접근하면 친근감이 높아지고 공감대를 쉽게 형성해 홍보 효과가 배가된다.

'홍보 담당과'는 조직의 핫라인, 소통의 중심에

각 중앙정부에는 대변인이 있고 그 아래 홍보기획국이 있으며 지자체에는 대변인실이 따로 있다. 지자체의 각 사업 부서에는 홍보과나 홍보 담당자가 있다. 대변인과 마찬가지로 홍보 담당과도 장관이나 시장, 본부장의 직속 핫라인이 되어야 함은 물론이고, 조직 내에서도 정보의 핫라인이 되어야 한다. 즉, 외부와 하는 소통뿐만 아니라 내부 소통에서도 전문가가 되어야 하는 것이다.

일반적으로 홍보과는 콘텐츠를 직접 만드는 것이 아니라 각 사업과에서 만든 정책을 알리는 것이 주요 업무다. 그러므로 다른 부서에서 만든 콘텐츠를 더욱 전문성 있게 대중과 소통할 수 있는 콘텐츠로 포장하는 저력을 보여줘야 한다.

그러려면 지금 조직에서 무슨 사업이 진행 중이며 어떤 사안이 조직의 핵심 이슈인지 알아야 한다. 기자들은 취재를 하다 의문점이 생기면 홍보 담당자에게 먼저 연락을 한다. 이때 홍보 담당자는 기자가 묻는 사안에 대한 기본적인 정보를 꿰고 있어야 한다. 물론 구체적이고 자세한 답변은 해당 사업과에서 하겠지만, 홍보 담당자가 기자의 질문 내용을 전혀 모른다면 그 사람은 홍보 담당자로서 자격 미달이다.

기자들이 가장 좋아하는 담당자는 사업과 정책의 팩트와 관련해 그 조직이 돌아가는 포인트를 가장 잘 아는 사람이다. 홍보 담당과는 바로 그런 이유에서 조직의 핫라인이 되어 소통의 중심에 서야 한다. 다른 한편으로는 아직까지도 홍보를 자기 업무가 아니라 홍보과 업무로 여기는 경향이 있어서 보도자료로도 충분히 이야깃거리가 되는데 소극적으로 대응하는 담당자도 있다. 이들에게 왜 보도자료를 내야 하고, 왜 홍보가 중요한지를 알리기 위해서라도 홍보 담당자는 정책에 대해 잘 알고 그 정책을 어떤 콘셉트로 홍보해야 하는지 논리적으로 설득할 수 있어야 한다. 이를 위해서는 평소 상호 신뢰 관계를 돈독하게 유지해야 한다. 홍보과가 시민과 소통하는 데 전문성을 가진 조직이라는 이미지를 평소 작은 것부터 명확히 심어주는 것이 좋다. 이런 신뢰를 쌓는다면 사업 부서 사람들이 사업 진행 사항이나 홍보 콘텐츠를 홍보 담당자들에게 먼저 제안할 것이다.

철갑옷을 벗어라

몇 년 전 집 앞의 대형마트를 방문했을 때 일이다. 돌아가는 판에 화살을 던져 이름을 맞히면 부채와 선물을 주는 이벤트를 하고 있었다. 이벤트에 참여하려는 사람들이 인산인해였는데 필자도 궁금해서 줄을 섰다. 그런데 그 이벤트는 바로 중앙정부가 정책 관련 캠페인 이름을 알리기 위해 연 행사였다. 대형마트에서 이벤트를 할 정도로 우리나라 중앙정부가 권위를 벗어던졌다는 사실에 놀라움을 금할 수 없었다.

이날 마트에서는 국민에게 가까이 다가서려고 노력하는 우리나라 정책홍보의 현주소를 읽을 수 있었다. 이뿐만이 아니다. 광화문을 걷다 보면 중앙정부 직원들이 거리에서 정책 관련한 홍보 전단지를 나눠주는 모습을 볼 수 있다. 지하철에서 나눠주는 무가지(무료신문)에 광고를 내는 것이 공공기관의 품위를 떨어뜨린다고 우려하던 윗분 때문에 비용 대비 효과가 높은 무가지 광고를 할 수 없었던 기억이 생생한데, 대형마트와 길거리에서 정책홍보라니! 정책홍보의 변화 속도가 피부로 느껴졌다. 이처럼 정책홍보는 그동안 권위적이고 일방적이던 모습에서 벗어나 국민과 시민속으로 들어가고 있다.

이제 정책홍보에 한계는 없다. 물론 예산 확보, 공공기관으로서 정체성, 내부 결재 라인의 복잡함, 시간 제약 때문에 공공기관의 홍보가 여전히 쉽지는 않다. 하지만 공공기관에서 홍보 담당자로 일하려면 변화하는 사회 트렌드를 읽고, 시민을 대상으로 한 홍보 전략과 전술을 수립할 수 있어야 한다. 또 일반 기업, 성공한 브랜드 사례 등을 끊임없이 연구해 벤치마킹하는 것이 좋다. 이것으로도 부족할 때는 전문 홍보 대행사의 힘을 빌려 시민과 커뮤니케이션을 만들어야 한다. 하지만 이때도 홍보 대행사가 짜 온 전략을 취사선택할 수 있는 눈을 키우려면 기획홍보에 대해 기본적인 사항들을 꿰뚫고 있어야 한다. 이렇게 사회 트렌드를 기초로 한 정책홍보로 시민의 공감과 자발적 호응, 참여를 얼마나 이끌어 내느냐가 공공기관 커뮤니케이션의 성패를 좌우한다.

나부터 시작하라

아리수의 인지도는 2014년 현재 79.6퍼센트에 이를 정도로 높아져서 아리수는 서울시의 대표 브랜드로 자리매김했다. 아리수의 생산을 담당하고 있는 상수도사업본부는 서울시 내부에서도 홍보를 잘하는 곳으로 인식되어 있다. 2009년 실시간 수질 감시제도로 유엔 공공행정상을 받은 상수도사업본부는 매년 인지도조사, 각종 광고 집행 등 홍보와 관련한 기본 시스템을 운영하는 것은 물론이고 SNS 적극 활용, 인적 네트워크 구성 등 최신 기법을 도입하는 데에도 늘 앞장섰다.

중앙부처는 홍보를 전담하는 대변인실과 정책홍보팀이 있어서 모든 정책에 대한 홍보를 일원화해 운영하고 있다. 서울시도 마찬가지인데 서울시의 경우 조직이 워낙 방대하다 보니 대변인실과 홍보 담당실은 집중과 선택을 기본으로 운영된다. 효율성을 위해 시의 핵심 사업에 대해 집중 홍보를 하는 것이다. 따라서 사업 하나하나에 대한 홍보를 바라기는 쉽지 않다. 그런데도 서울시 아리수가 이렇게 빼어나게 홍보를 잘하고 인지도도 매년 높아지는 것은 바로 맨파워(Manpower) 덕분이다.

사실 보수적인 분위기의 공공기관이 변화를 주기란 쉽지 않고 용기가 필요한 일이다. 아리수도 기존 공무원 시각에서 볼 때는 튀지만 신념 있고 열린 마인드를 가진 홍보과 몇몇 직원의 열정이 아리수 홍보를 많이 바꾸어놓았다. 공조직이 아무리 경직되어 있다지만 이렇게 생각이 열린 사람들의 힘으로 홍보는 바뀔 수 있고 이미지도 바뀔 수 있다.

1999년에 시작해 매년 20만~30만 명이 다녀가는 대한민국 대표지역 축제 중 하나인 함평 나비축제도 시작은 바로 한 군수의 열정이었다. 39세의 나이로 함평군수가 된 이석형은 낙후된 농촌 지역에 관광 불모지였던 함평을 차별화시키겠다는 일념하에 모두가 반신반의했던 나비축제를 성공적으로 개최하고 함평이 세계적인 생태 관광의 중심지로 도약할 수 있는 발판을 마련했다.

총알이 부족하다?

최근 들어 민간 전문가가 공직에 진출하는 경우가 많아지면서 홍보 분야에도 민간인이 대거 진출했다. 하지만 이들이 한결같이 느끼는 바는 예산, 인력, 정보, 시스템 등 모든 것이 부족하다는 것이다. 일반 기업이 마케팅에 들이는 비용은 대단하다. 광고 하나를 만드는 데 몇억씩 쓰고, 매체비는 몇십억을 쏟아붓는다.

이에 비해 공공기관은 어떤가? 예산을 줄일 때도 홍보 예산이 가장 먼저 도마에 오르고, 의회나 국회 감사 때도 홍보 예산지출이 꼭 필요했는지 질책을 받는다. 상황이 이렇다 보니 홍보에 돈을 들이는 것은 조심스러울 수밖에 없다. 꼭 제작해야 하는 동영상, 브로슈어, 팸플릿 등을 만들고 나면 예산도 얼마 남지 않는다. 따라서 적은 예산으로 효율적인 홍보를 하는 수밖에 없다.

문제는 또 있다. 중앙정부는 각 부처별로 대변인실과 정책홍보팀이 있어 중앙에서 홍보를 효율적으로 조정해주지만, 서울시는 조직이 워낙 방대하다 보니 대변인실과 홍보 담당관실에서 모든 업무를 아우르기에는 한계가 있다. 대변인실도 기자 설명회와 이슈가 되는 정책 중심으로 돌아갈 수밖에 없고, 홍보팀도 시정 핵심 정책을 중심으로 운영된다. 이렇다 보니 각 사업의 관련 콘텐츠를 잘 포장하고 널리 알리는 것이 사업 담당자의 역할이 되었다. 지자체 중에 가장 규모가 큰 서울시도 홍보팀이 있는 사업 부서는 몇 안 되고, 총무과 내에 언론 담당 주무관이 한두 명 배치된 경우가 대부분이다.

이렇게 예산과 인력이 부족한 상황에서 홍보를 잘할 수 있는 방법은 무엇일까? 바로 '기획'이다. 이 사업의 목적은 무엇인지, 목표 타깃은 누구인지, 어떤 메시지로 접근해야 할지, 어떤 매체로 공략할 것인지를 기획해야 한다. 인식을 개선할 것인지, 정책에 대한 팩트를 전달할 것인지, 우호적인 세력을 공략할 것인지, 반대 의견을 아우를 것인지 전략을 세워야 한다. 그래야 한정된 예산과 인력, 정보로 효율적인 홍보를 할 수 있다.

페이퍼로 시작해 페이퍼로 끝나는 공무원, 글 잘 쓰면 '능력자'

바야흐로 콘텐츠의 시대다. 모든 게 다 콘텐츠에서 시작해 콘텐츠로 끝난다. 공공기관도 이런 변화를 피할 수 없고 특히 새로운 홍보 매체로 각광받는 SNS를 운영하기 위해서도 이제 콘텐츠 작성 능력은 필수다. 공무원은 글 쓰는 걸 싫어하고 귀찮아한다. 왜냐하면 업무와 관련해 워낙 많은 페이퍼를 쓰기 때문이다. 반면 일반 기업은 콘텐츠 작성 능력의 중요성이 덜하다. 오히려 영어만 잘해도 능력자로 인정받아 반은 먹고 들어간다.

실제로 공공기관에서 생활해보니 공무원은 말 그대로 페이퍼로 시작해 페이퍼로 끝난다. 국민의 세금으로 운영되는 까닭에 모든 것이 기록으로 남아야 한다. 또한 순환제로 운영되는 공조직의 특성상 서류만 봐도 전임자가 어떻게 일을 했는지 잘 알 수 있도록 기록이 남아 있어야 한다. 오늘 당장 담당자가 바뀌어도 차질 없이 일이 돌아갈 수 있게 말이다.

이렇다 보니 공무원은 각종 기획안, 제안서, 보고서 쓰는 것이 업무의 대부분이다. 사업 하나를 추진하려면 먼저 기획안을 올려야 하고 관련 자문회의를 하면 추진계획, 결과 보고 등을 기안해야 한다. 행사도 마찬가지다. 행사 목적부터 세부 프로그램, 협조부서, 예산 등 행정 사항까지 다 기획안으로 만들어 결재를 받아 문서로 남겨야 한다. 공무원처럼 페이퍼 작성 능력이 중요시되는 기관도 드문 것 같다. 글을 잘 쓰면 능력 있고, 일 잘하는 공무원이 되는 것이다.

하지만 이 말이 일리가 있는 것은 글을 잘 쓴다는 것이 비단 글쓰는 기술로만 되는 것은 아니기 때문이다. 이는 생각하는 능력과 이야기를 풀어가는 논리가 있다는 말이다. 홍보 담당자라면 글 쓰는 능력은 더욱 중요하다. 언론홍보의 핵심이 되는 보도자료 작성부터 홈페이지의 콘텐츠, 광고, 브로슈어 등 홍보 제작물 등에 이르기까지 글을 쓰고 다듬는 능력은 필수다. '글은 타고나야 잘 쓰는 건데' 이렇게 생각하고 아예 포기하는 사람도 있다. 하지만 노력하고 연습하면 글 쓰는 실력도 는다. 물론 하루아침에 늘지는 않고 꾸준히 해야 한다. 글솜씨를 늘리는 가장 좋은 방법은 잘 쓴 글을 필사해보는 것이다.

그렇다면 잘 쓴 글이란 무엇일까? 우선 제목이 좋아야 한다. 신문을 읽을 때는 헤드라인을 보고 내용을 볼지 말지 결정하고, 블로그도 제목이 끌리면 내용을 읽게 된다. 모든 글에서 가장 중요한 것은 제목이다. 따라서 내용을 한눈에 알아볼 수 있는 함축적이고 쉬운 제목이 좋다. 또 기획서라면 본문은 조리 있고 명료하게 작성하고, 글의 리듬을 가지고 귀납적으로 정리한다. 반면 블로그나 트위터는 말하듯이 생생하게 쓴 글이 와 닿는다.

홍보 담당자라면 정부 포털이나 연합뉴스에서 매일 쏟아지는 보도자료 중 하나를 골라 필사해보는 것이 좋다. 하루 한 개씩 일 년이면 365개다. 이렇게 매일 잘 쓴 글을 필사하다 보면, 결론에 도달하기 위해 글을 어떻게 풀어나가고 어떻게 논리를 펴나가야 하는지 차츰 터득할 수 있다. 또 다른 방법은 직접 글을 쓰는 것이다. 특히 블로그를 운영해볼 것을 추천한다. 페이스북이나 트위터도 좋지만 이건 너무 단문이라 글이 쉽게 늘지 않는다. 개인 블로그를 운영하면서 자기 관심사, 취미 등에 관한 글을 써서 글쓰기 연습을 할 수 있다. 만약 사진에 관심이 있다면 사진에 관한 글을 꾸준히 올리다 어느 정도 모이면 책을 내는 것도 자신을 홍보하고 빛내는 방법이다.

공무원은 대부분 전문적인 업무보다는 일반적인 행정업무를 많이 맡는다. 따라서 공무원 세계에는 전문가가 드물다. 하지만 한 분야에 특출한 재능이 있고, 그것을 가꾼다면 오히려 그 분야 전문가로 능력을 인정받을 수 있다. 얼마 전 어떤 국장님께 명함을 받았는데 개인 블로그, 페이스북과 트위터 주소가 들어 있는 것을 보고 그분을 새롭게 보게 되었다. 공무원에게도 그런 앞서가는 마인드와 어느 정도의 포장이 필요하다.

그런데도 어떻게 해야 할지 도무지 감이 잡히지 않는다면 글을 배우는 곳에 다닐 것을 추천한다. 각종 문화센터에서 현직 기자가 운영하는 글쓰기 강좌 등이 활발하게 운영되고 있다. 영어나 외국어도 아니고 무슨 글쓰기를 따로 배우느냐 할 수도 있지만, 오히려 영어보다 더 효과가 좋다. 공무원이 영어를 쓸 기회는 그리 많지 않지만, 각종 기획안이나 보고서 등 페이퍼는 늘 써야 하기 때문에 글쓰기를 배우면 활용 기회도 많고 효과도 크다. 단언컨대 글쓰기에 투자하면 들이는 시간과 비용, 노력 그 이상의 가치를 누릴 수 있을 것이다. 특히 공무원이라면 말이다.

Chapter 2

정책홍보의 필살기
'기획홍보'

기획홍보가 뭘까

　몇 년 전부터 공공기관에 기획홍보라는 말이 자주 오르내린다. 기획홍보란 정책을 하나의 상품처럼 두고, 그것에 맞는 전문적이고 입체적인 커뮤니케이션 전략과 전술을 짜는 것이다. 즉, 전체 커뮤니케이션 방향과 콘셉트를 정하고 어떤 타깃에게, 어떤 메시지를, 어떤 방법으로 알릴지 기획한다. 이전의 공공홍보가 단순히 공보를 중심으로 보도자료를 뿌리는 것이었다면, 이제는 기획을 기반으로 전략적으로 홍보를 하자는 뜻이다.

　기획홍보는 크게 의식 개혁 캠페인, 마케팅 PR, 위기관리, 언론 관계 등으로 나눌 수 있다. 예를 들어 중앙부처인 여성가족부의 이미지 개선을 목적으로 한 기획홍보 전략을 짠다고 해보자. 여성가족부는 성매매 방지, 영유아 보육, 여성 인력 개발, 다양한 형태의 가족 지원, 가족 친화적 사회 문화 등 총 5개의 정책 분야로 되어 있다.

　그런데 여성가족부의 정책을 홍보할 때 가장 큰 벽은 바로 여성가족부에 대한 국민, 그중에서도 남성들이 느끼는 막연한 거부감이다. 따라서 정책 자체가 갈등 이슈인 '성매매방지법'보다는 영유아 보육, 가족 지원 등 정책 수용도가 높고 거부감이 없는 정책을 집중 홍보해야 한다. 이렇게 큰 전략, 즉 방향을 정하고 구체적으로 중점 홍보 과제, 집중 타깃, 세부 캠페인, 매체 계획 등을 수립하는 것이 기획홍보다.

기획홍보를 위해서는 다음 사항을 점검하고 계획해야 한다. 먼저 커뮤니케이션 목표 및 전략이다. 해당 정책과 사업에 대한 시민의 인식, 의견 등을 토대로 홍보 환경, 가능한 예산, 기간 등을 종합적으로 판단해 현실적으로 달성할 수 있는 목표를 구체적으로 설정해야 한다.

둘째, 커뮤니케이션 환경이다. 해당 정책이나 사업을 둘러싼 여론은 어떤지, 추진했을 때 예상되는 문제점은 무엇인지, 반대하는 계층이 있는지를 면밀히 살펴보는 것이다.

셋째, 중점 타깃이다. 정책의 구체적인 타깃을 정하고 중요도에 따라 메인, 서브 등 순위를 정해야 한다. 대부분 정책홍보를 할 때 전 국민을 대상으로 하는 경우가 많은데 이보다는 좀 더 세부적인 타깃을 정해서 접근하는 것이 메시지나 매체 플랜을 짜기 쉽다. 가령 부동산 정책은 집을 제일 많이 매매하는 30대 중후반에서 40대를 타깃으로 잡고, 등록금 정책은 대학생을 메인으로 하고 학부모를 서브로 두는 것이다.

넷째, 키 메시지(비주얼 포함)와 키워드이다. 타깃에 따른 이슈

기획홍보 사례: 여성가족부 이미지 개선 사업 추진 계획

항목	내용
정책 여건	작은 부처로 정책 및 활동에 대한 적극적인 홍보 필요 → 군 가산점, 셧다운제 등으로 남성들의 거부감 확산
홍보 목표	여성 편향적·도전적·대립적 이미지 완화 → 남성과 적극적으로 커뮤니케이션을 해서 거부감을 완화하고, 여성·남성은 물론이고 가족까지 포용하는 가족 친화적 이미지로 포지셔닝
메인 타깃	30대 남성. 여성가족부의 가족 정책 중 출산, 보육, 육아와 관련해 가장 관련이 높은 타깃이자 비교적 젊은 층으로 인식을 개선할 여지가 높음
홍보 전략	선택과 집중, 타깃에 맞는 중점 홍보 정책을 선정해 캠페인 등으로 확장시켜 한정된 예산으로 효율적 집행 도모
세부 추진 계획	- 메시지 전략: 중점 홍보 정책 중심으로 메인 캠페인 메시지 개발 - 매체 전략: 한 가지 메시지로 온라인과 오프라인을 아우르는 크로스 미디어 전략 추진

를 분석하고 가장 효과적으로 정책 사업을 전달할 수 있는 메시지를 뽑는다. 정책홍보에서 주요 메시지는 바로 정책이 된다. 그러므로 홍보 담당자는 그 정책에 대해 사업 담당자 못지않게 내용을 정확히 꿰고 있어야만 한다.

마지막으로는 세부 크리에이티브, 프로그램 등 구체적인 전술을 짠다. 정해진 키메시지를 가장 효과적으로 커뮤니케이션할 수 있는 아이디어, 프로그램, 프로모션 등을 기획하는 것이다.

이런 기획홍보는 중앙정부는 물론 지자체에서도 이미 일반화되어 있다. 각종 성공한 캠페인이나 정책을 보면 계획 단계부터 실행까지 정확한 기획하에 집행된 것들이 대부분이다. 같은 정책이라도 기획홍보 측면에서 접근한다면 공공기관의 한정된 예산, 한정된 인력으로 더욱 효과적이고 효율적인 홍보가 가능하다.

'잘'하는 홍보와 '올바른' 홍보 사이에서

필자가 공공기관 홍보 담당자로 일할 때였다. 아이들이 많이 참여하는 '우리 아이 지키기'라는 행사를 준비하고 있었는데 정부 행사가 대부분 그렇듯이 예산은 부족하고 참여율을 높일 수 있는 방안은 필요하고, 참 난감한 상황이었다. 행사가 진행되는 동안 추위에 떨고 있을 아이들을 위해 간단한 음료와 간식이라도 준비해야 했다. 그때 마침 반갑게도 A라는 대형 유통업체에서 우리 캠페인을 어떻게 알았는지 아이들 음료와 간식, 간단한 선물을 지원하겠다고 밝혔다. 예산도 없는데 이 얼마나 반가운 소식인가. 얼씨구나 했다. 하지만 이게 얼마나 무모한 생각인지는 곧 밝혀졌다. 정부가 민간 업체의 기부나 지원 등을 받을 때는 명목이 분명해야 하며 왜 그 업체에서 받았는지 등등 이유가 명확해야 한다는 것이다. 결국 협찬받는 일을 접을 수밖에 없었다.

공공기관 홍보를 할 때는 이런 일이 비일비재하다. 바야흐로 '잘'하는 홍보와 '올바른' 홍보 사이의 갈등이다. 즉, 공공기관 홍보에는 기본적인 정체성이 있고, 지켜야 할 제약 사항이 많다. 그 기준이 바로 '공익성'과 '공공성'이다. 일반 기업의 브랜드는 인지도를 높이기 위해 노이즈 마케팅을 펼쳐 주목을 끌기도 하지만, 정책홍보에서 노이즈 마케팅은 있을 수도 없고, 있어서도 안 된다. 시민의 주목을 끌 수 있고 사회적 인지도를 높일 수 있는 전략이 있다 해도 '공익성'에 반하는 전략과 전술은 가차 없이 포기해야 한다.

또 공공기관 홍보는 국민을 대상으로 하므로 부정적이고 위협적인 메시지보다는 긍정적이고 희망적인 메시지, 따뜻한 메시지로 접근하는 것이 바람직하다. 여기에 정책홍보의 어려움이 있다. 하지만 기업의 제품은 홍보에 성공해도 소비자에게 단순한 기쁨을 주는 데 그치지만, 정책홍보는 국민적인 공감과 혜택, 사회적 의미 등 더 큰 기쁨을 줄 수 있다는 점에 묘미가 있다.

홍보대사, 필요한가?

홍보대사는 조직의 활동이나 캠페인의 메시지 등을 사람들에게 효과적으로 전달하기 위해 유명인이나 전문가, 연예인 등을 활용하는 것이다. 현재 다양한 직업을 가진 사람들이 각종 단체나 조직의 홍보대사로 폭넓게 활동하고 있다.

그렇다면 여기저기서 앞다퉈 홍보대사를 쓰는 이유가 뭘까? 이는 왜 광고에서 유명 모델을 쓰는지 생각해보면 쉽게 이해된다. 일반인 모델이나 무명 모델을 쓸 때보다 광고의 인지도와 호의도가 높아지고, 이것이 곧 매출로 이어지기 때문이다. 그래서 광고주가 그 많은 돈을 지불해가며 유명 모델을 선호하는 것이다.

특히 공공기관은 사람들에게 신뢰도가 높고 친밀한 유명인을 홍보대사로 위촉하면 공공기관의 딱딱함이나 거리감 등을 희석시킬 수 있다. 또 정책이나 환경, 에너지 등 관심이 낮은 공익적 성격의 캠페인에도 사람들의 이목을 쉽게 끌 수 있다. 이런 이유로 공공기관에서 정책홍보나 공공 캠페인에 홍보대사를 활용하는 것이 매우 보편적인 일이 되었다. 현재도 중앙정부의 약 80퍼센트에 홍보대사가 있다고 한다. 서울시도 해마다 다양한 분야의 전문가 20여 명을 홍보대사로 임명해 정책에 알맞게 운영하고 있다. 이처럼 홍보대사는 공공기관에서 홍보 일을 하는 사람이라면 누구나 한 번쯤 고민해봤거나 실제로 추진하고 있는 홍보 툴(tool)이다.

하지만 홍보대사를 위촉할 때는 몇 가지 사항을 꼭 염두에 두어야 한다. 잘못하다간 홍보대사가 없느니만 못한 결과를 낳을 수도 있다. 먼저, 누구를 홍보대사로 위촉할 것인지를 생각해야 한다. 홍보대사는 그 사람의 이미지를 사는 것이다. 따라서 홍보대사는 그 기관이나 정책이 지향하는 이미지와 가까울수록 좋다. 일반적으로 의료나 건강 등 사람들의 관여도가 높은 캠페인에는 전문가나 연관성이 높은 연예인을 홍보대사로 위촉하는 것이 효과적이다. 반면 환경이나 음식 등 관여도가 낮은 캠페인에는 캠페인에 대한 주목도를 높이기 위해 연관성이 다소 적더라도 인지도가 높은 유명 연예인을 홍보대사로 활용하는 것이 더 효과적이다.

또 정책홍보나 공공 캠페인은 불특정 다수를 대상으로 하는 것이 대부분이기에 비교적 안티팬이 적은 유명인을 선정하는 것이 좋다. 요즘은 안티팬도 인터넷 공간을 통해 집단적으로 활동하기 때문에 그들의 세력을 무시할 수 없다. 자신들이 싫어하는 유명인이 나오는 공공 캠페인에 안티팬이 집단 활동을 펼친다면 홍보 효과는커녕 부정적 효과만 더 커지는 결과를 낳을 수도 있다.

그리고 한 가지 더 유념해야 할 것은 홍보대사가 사회적 물의를 일으키거나 어떤 스캔들에 휘말렸을 때 기관도 상당한 타격을 받을 수 있다는 점이다. 따라서 홍보대사 후보군에 오른 유명인은 사전 검증을 철저히 해야 한다. 홍보대사를 잘못 위촉하면 조직이나 기관에 대한 비난으로 이어지기 때문이다. 따라서 신중에 신중을 기해 홍보대사를 선정하고, 위촉된 홍보대사에게 책임감을 가지고 활동할 것을 계속 주문해야 한다.

또 이와 다르게 많지는 않으나 홍보대사에 일반 시민을 임명하는 경우도 가끔 있다. 눈여겨봤던 것이 철강협회에서 스테인리스 스틸 주부 홍보대사들을 임명한 사례다. 주부 사이에서 유명한 인터넷 카페인 '스텐팬을 사랑하는 사람들의 모임(일명 스사모)' 주부 회원들을 스테인리스강의 우수성을 홍보하는 '스텐 알리미'로 선정한 것이다. 이들은 별도로 활동하지 않고 이 카페 활동만으로도 철강의 우수성을 알리는 홍보대사의 역할을 충분히 하는 셈이다.

서울시 아리수는 각계각층의 유명 인사 467명과 CEO로 구성된 명예홍보대사를 운영하고 있다. 이들은 자신의 기업이나 활동 분야의 홈페이지, 소식지 등을 통해 아리수를 홍보하고 상수도 홈페이지와 연동해 간접적으로 아리수 홍보에 나서고 있다. 이렇게 홍보대사를 위촉할 때는 연예인, 전문가 등 유명인과 일반인 중 누가 우리 기관의 성격과 캠페인 특성에 맞는지 살펴야 한다.

그다음으로 염두에 두어야 할 것은 홍보대사의 역할이다. 사실 홍보대사로 위촉식만 한 후 특별한 활동을 하지 않는 사람도 허다하다. 따라서 진정성을 가지고 활동할 수 있도록 홍보대사 활용 계획을 수립하는 것이 중요하다. 기관의 정책이나 특정 이슈, 캠페인 등 연간 추진 계획을 세밀히 살펴보고, 홍보대사를 어떻게 적재적소에 활용할 수 있는지 고민해야 한다.

홍보대사를 활용할 수 있는 범위를 보면 ① 위촉식 개최, ② TV, 라디오 광고 촬영이나 정책 소개 브로슈어 제작, ③ 홈페이지 메인 화면, 트위터, 페이스북 등의 모델로 활용, ④ 관련 정책이나 캠페인에 직접 참여하는 모습을 언론에 노출, ⑤ 각종 행사나 캠페인 이벤트에 직접 참석, ⑥ 기관 전화 컬러링, 캠페인 송 목소리로 활용, ⑦ 홍보대사 SNS 활용, ⑧ 홍보대사가 출연하는 방송 프로그램 협찬 등이 있다.

또 담당자 입장에서 예민한 부분이 바로 보수다. 홍보대사의 보수는 해당 인물이 특별히 요구하지 않는 이상 대부분 계약금은 주지 않고 모델 출연이나 행사 참석 등 특정 활동이 있을 때 교통비 명목으로 어느 정도를 주는 것이 관례이며, 감사패나 선물 등으로 성의를 표시하는 정도에서 이루어진다. 연예인은 행사에 참석할 경우 코디 비용, 메이크업과 헤어 비용 등 부대 비용이 상당하므로 교통비라 해도 일반인 수준으로 생각하면 안 된다.

수유 홍보대사를 했던 연예인이 분유 광고에 출연한다면 이는 사회적 책임과 철학을 외면한 홍보다. 이효리가 한 방송에서 얘기했듯이 한우 홍보대사로 활동했는데 채식주의자가 되면서 많은 욕을 먹었다는 이야기는 분명 이효리 개인에게도, 이효리를 임명했던 기관에도 큰 착오였다.

반면 홍보대사가 어떻게 활동해야 하는지 보여주는 좋은 예가 있다. 〈힐링캠프〉라는 TV 프로그램에 차인표가 나온 적이 있다. 그는 전 세계 가난한 어린이를 후원자와 일대일로 결연하는 국제 어린이 양육 기구인 컴패션(Compassion)의 홍보대사로 활동하고 있다고 했다. 그날 방송에 나와서 왜 자기가 이 단체에 가입해 봉사활동을 시작하게 됐는지 진정성 있게 설명하는 모습을 보니 저것이 진정한 홍보대사의 역할이란 생각이 들었다. 방송이 끝난 후 〈힐링캠프〉 사회자인 개그맨 이경규도 감동받아 컴패션에 가입했다는 기사가 나오기도 했다. 방송을 보고 얼마나 많은 시청자가 컴패션이란 기관에 관심을 갖게 됐을까?

또 유니세프 홍보대사인 안성기는 저개발국 어린이를 돕기 위해 현장을 둘러보고 기금 모집을 위한 편지를 쓰는 등 기본적인 활동 외에도 매달 후원금을 내고 유니세프 TV 광고 출연료, 영화제 상금 등도 기부하고 있다. 이처럼 자신이 홍보대사로 있는 기관의 철학까지 함께 공유하고 생활 속에 녹여 이를 실행하며, 대외적으로도 홍보를 해주는 게 홍보대사에게 바라는 가장 바람직한 모습일 것이다.

공공 캠페인이 새로운 사회 문화도 만든다

공공 캠페인이란 공공기관에서 정책 관련하거나 공익을 위해 시민의 행동이나 의식 변화를 유도하려고 벌이는 활동이다. 이는 우리가 잘 아는 환경보호, 건강, 안전 운전, 금연, 유방암 검진 등 다양한 분야에서 진행된다. 예전의 공공기관 캠페인은 주로 TV 광고를 중심으로 전개되었다. 그러나 최근에는 광고, 언론, 프로그램 협찬, 민간 기업과 공동 마케팅, 네이버, 다음 등 온라인 포털과 공동 캠페인, SNS, 블로그 등 다양한 매체를 통해 추진된다. 수많은 캠페인 중 가장 성공적이었던 두 가지 사례를 통해 공공기관 캠페인의 성공 요인을 살펴보자.

① 프렌디(친구 같은 아빠: friend+daddy)
2007년 여성가족부에 근무할 당시 아빠의 육아 참여를 사회적으로 지원하려는 목적에서 추진하던 육아데이 캠페인이 2주년을 맞았다. 그래서 GS 칼텍스 직원 200명을 대상으로 이 시대 아빠

들이 되고 싶은 아버지상을 조사했는데, 결과는 바로 친구 같은 아빠였다. 여기에 착안해 친구 같은 아빠를 가리키는 프렌디라는 신조어를 만들고, 프렌디를 육아데이 2주년 행사의 콘셉트로 정해 '프렌디되기 행동 강령' 등을 발표했다.

프렌디라는 신조어와 프렌디되기 행동 강령을 발표하자 언론과 국민의 반응은 실로 뜨거웠다. 시대상을 반영한 캠페인을 전개하여 사회적인 공감대를 형성하고 아빠의 육아 참여 확대라는 새로운 사회 문화를 조성한 것이다. 먼저 오프라인 행사로 '최고의 프렌디를 찾아라' 가족 축제를 진행했다. 이 행사에서는 아기 띠에 아기를 업은 60여 명의 아빠들이 이색 게임을 펼치고, 체조 교실 등 온 가족이 함께할 수 있는 다양한 프로그램을 운영했다.

또 미즈넷에 '육아 달인을 찾아라' 온라인 이벤트를 열어 육아데이 UCC 댓글달기 등을 진행했다. 프렌디라는 신조어를 만들고 각종 행사를 진행하자 육아데이 홈페이지의 페이지뷰는 평소보다 12.5배 증가했고, 하루 페이지뷰가 6000건이 넘을 정도로 많은 사람이 관심을 가졌다. 또 이마트 문화센터에서는 '프렌디 되기'란 강좌가 열리기도 했다.

현재는 시사상식사전에도 프렌디란 말이 올라 있으며 네이버나 다음 등의 포털에 프렌디를 치면 각종 기사와 관련 사업이 뜬

다. 이제 프렌디란 말은 아빠의 육아 참여와 이 시대가 원하는 아빠상 등을 이야기할 때 필수어가 되었다.*

② 블루슈머

2006년, 통계청은 지난 60여 년 동안 조사・관리해온 방대한 국가 통계 데이터베이스를 국민들이 편리하게 활용할 수 있도록 인터넷 공간에 구축했다. 하지만 국민들은 통계가 왜 필요한 것인지, 어떻게 사용할지 관심이 없었다. 통계청의 문제 인식은 바로 여기서 출발했다. 한 해 평균 730억 이상의 정부 예산을 들여 조사・관리하는 방대한 양의 국가통계자료가 인터넷에서 무상으로 서비스되지만 이를 활용하는 국민은 거의 없었다. 우리 국민 대부분이 통계 활용의 가치와 방법을 잘 알지 못하기 때문이다. 이는 국가 통계를 기업과 개인이 다양한 분야에 활용해 제2, 제3의 국

• 참고로 시사상식사전(박문각)에 프렌디는 "친구 같은 아빠라는 뜻으로 육아에 활발하게 참여하는 아빠를 지칭한다. 사회복지의 원조인 북유럽에서 가장 먼저 나타났으며 우리나라에서는 2011년 주5일제 시행과 여성의 활발한 사회활동으로 프렌디가 늘어나기 시작했다. 특히 아이의 사회성 형성이나 성역할 인지에 엄마의 양육효과만큼이나 아빠의 양육도 교육효과가 높다고 알려지면서 빠른 속도로 유행했다"라고 되어 있다.

기업인이 꼭 주목해야 할 2007 한국의 블루슈머 6

블루슈머	국가 통계	유망 산업
이동족 (Moving Life)	하루 평균 이동 시간 5분 증가, 전체 국민 이동 시간으로 환산하면 350만 시간 증가	이동족의 눈과 귀를 즐겁게 해주는 '이동형 엔터테인먼트' 상품 (예: 무료신문, DMB-TV, PMP 등)
무서워하는 여성 (Scared Women)	- 살인, 강간 건수가 5년 전보다 13%, 68% 급증 - 범죄 피해에 두려움 느끼는 한국 여성 67.8%	혼자 사는 여성들을 안심시킬 수 있는 '안전(방범·보안·호신)' 상품과 서비스(예: 호신용 충격기, 휴대폰 호신 서비스 등)
20대 아침 사양족 (Hungry Morning)	한국의 20대 49.7% 아침 식사 걸러, 아침 식사를 거르는 20대 총 370만 8000명	20대가 간편하게 즐길 수 있는 '아침식사 대용식'(예: 생식용 두부, 커피 전문점 모닝 세트 등)
피곤한 직장인 (Weary Worker)	- 피로도 5년 전보다 3.7%p 증가한 89.1%, 피로도 느끼는 직장인 총 2010만 명 - 노동 시간은 줄고, 직장인의 피로도는 증가	직장인 스트레스 지수 낮추는 '休 & 脫스트레스' 상품과 서비스(예: 차 전문점, 스파, 펜션 여행, 댄스 학원 등)
3050 일하는 엄마 (Working Mom)	3050 여성 취업자 수 6년 전보다 16.8% 급증, 3050 여성 취업자 수 2006년 639만 명	엄마, 주부의 역할을 대신해줄 수 있는 '역할 대행' 상품과 서비스(예: 에듀시터, 플레이튜터, 로봇 청소기 등)
살찐 한국인 (Heavy Korean)	- 지방질 섭취량 88.6g으로 지속적 증가세 - 칼로리 공급량도 3014Kcal로 다시 증가세	지방과 칼로리 걱정을 해소시켜 줄 수 있는 'Zero 칼로리, Zero 지방' 상품(예: 무칼로리 차, 무지방 우유, 초저칼로리 면류 등)

자료: 통계청(2007), 「기업인이 꼭 주목해야 할 2007 한국의 블루슈머 6」.

부(國富)를 창출하는 미국, 유럽 등 선진국과는 대조적이다.

이 같은 문제의식을 공유한 통계청은 2007년 통계청의 홍보 목표를 '대국민 통계활용도 제고'로 정하고, 통계 정보의 식상함을 없앴다. 기업인과 국민이 쉽게 기억할 수 있도록 각각의 소비자 그룹에 '블루오션'과 '컨슈머'의 합성어인 '블루슈머(경쟁자 없는 시장의 새로운 소비자)'라는 신조어를 만들고, 각 소비자 그룹에 '이동족', '20대 아침 사양족' 등 특색 있는 이름을 붙여 2007년 1월 23일 「기업인이 꼭 주목해야 할 2007 한국의 블루슈머 6」으로 언론에 발표했다.

이렇게 발표된 2007년 신년 기획 리포트 「기업인이 꼭 주목해야 할 2007 한국의 블루슈머 6」은 발표되자마자 언론과 네티즌의 폭발적인 호응을 얻으며 큰 사회적 반향을 일으켰다. 통계청은 이러한 국민적 성원과 기대에 부응하기 위해 곧 국내 최초로 테마형 '블루슈머 GIS' 서비스 개발에 착수했다. '블루슈머 GIS'는 블루슈머를 선정한 통계 속에 있는 지리적 요소를 찾아내, 이를 지도 위에 표현한 것이다. 국민 누구나 인터넷을 통해 각 지역별 '블루슈머'를 손쉽게 찾아볼 수 있도록 구현한 '블루슈머 검색 서비스'다. 2007년 5월 공식 서비스를 시작한 '블루슈머 GIS'는 블루슈머라는 성공적인 기획홍보로 새로운 대국민 정책 서비스가 개발된, 홍보가 정책을 바꾼 의미 있는 사건이었다.

통계청의 블루슈머는 홍보 목표 달성을 위해 정부가 아니라 국민이 가장 궁금해할 만한 새로운 이슈를 발굴하고, 국민의 통계활용도 제고라는 홍보 목적을 아주 효과적으로 달성하는 데 성공했다. 더불어 새로운 사회 문화현상을 만들어냈다는 데 더 큰 의미가 있었다.

민간의 힘을 빌리자: Co-Marketing

홍보는 기본적으로 어느 정도 돈이 들어가기 마련인데 공공기관은 전문 인력, 예산, 노하우 등 많은 것이 부족하다. 이럴 때 여건을 탓하지 말고 민간 기업의 힘을 빌리는 것도 좋은 방법이다. 예전에는 이런 경우가 별로 없었지만 최근에는 정부 부처는 물론 지방자치단체들도 민간 기업과 협업해서 캠페인이나 정책을 진행하는 경우가 많다. 필자도 육아데이 캠페인을 진행하며 캠페인을 좀 더 확장할 수 있는 방법을 고민했다. 캠페인 시작부터 한국보육시설연합회, YWCA와 손잡은 육아데이 캠페인은 사회적인 분위기 조성을 위해 일반 기업의 협조를 얻어야 했다. 이 캠페인의 성패는 기업이 얼마나 참여하는가에 달렸기 때문이다.

가장 먼저 한 일은 매월 6일을 온 가족이 함께 하는 날로 만들기 위해 가족을 위한 공연, 외식 등등에 혜택을 주자는 것이었다. 리스트를 만들어 민간 기업에 무작정 전화를 걸어 협력을 구했다.

그 결과 외식업체 베니건스에서 보호자 동반 12세 이하 고객에게 어린이 메뉴를 무료로 제공하며 육아데이 홈페이지를 방문하면 육아데이에 사용할 수 있는 무료 쿠폰을 다운받을 수 있게 했다. 또 매월 6일 육아데이에는 프로야구에 어린이 무료 입장 행사를 실시하고, 옥션은 6일 '육아데이 기념 1000원 경매 이벤트'와 함께 50여 종의 브랜드 완구 및 유아용품을 최고 50퍼센트까지 저렴하게 판매했으며 남산 N타워 등 아이와 갈 수 있는 나들이 장소에서도 입장료를 할인해줬다. 이런 민간 기업들의 자체 홍보 덕분에 육아데이 캠페인은 예산 절감은 물론 홍보비를 절감하고, 홍보 효과를 극대화해서 국민들의 생활 속에 자연스레 스며들 수 있었다.

반대 여론도 캠페인으로 포용할 수 있다

여성가족부의 가장 큰 난제 중 하나는 바로 남성들의 반감이었다. 조리풍 사건, 회식 때 성매매하지 않으면 회식비 지급하는 이벤트, 군대 5년제로 확대 등등이 거론되며 아직도 포털에 여성가족부를 치면 폐지 운동이니 민폐니 부정적인 내용이 많이 있다. 여성가족부 정책들이 국민에게 지지받으려면 그 반감을 최소화하는 것이 꼭 필요했다. 하지만 각 분야의 전문가, 여성계 인사와 토론을 벌여도 답이 나오지 않았다.

그런데 필자는 이 난제를 해결하려면 여성이 아니라 가족 정책을 강조해야 한다는 생각이 들었다. 여성의 지위 향상, 성매매, 성차별 근절 등은 어차피 여성가족부의 본업으로 해가는 것이다. 따라서 여성가족부로 확대되며 새롭게 맡게 된 '가족' 정책을 강조하면 여성가족부의 부정적인 이미지를 희석시키고 남성들의 반감을 누그러뜨릴 수 있겠다는 생각이었다. 남성들은 아빠가 되어 있거나 앞으로 아빠가 될 사람들이다. 요즘 남성은 맞벌이를 원하며 여성의 사회참여에 긍정적이고, 이에 따른 육아 문제 등을 뼈저리게 고민한다.

이에 착안해 여성가족부의 가족 정책 중 매월 6일을 육아데이로 정했다. 보육의 중요성에 대한 국민적 공감대를 형성하고 사회적 관심을 제고하기 위해 매월 6일 어린 자녀가 있는 직장인이 정시에 퇴근하는 육아데이 캠페인을 확대했다. 이는 일차적으로 정시 퇴근 등 아빠의 육아 참여를 배려하는 사회 분위기를 조성하고, 부가적으로 여성가족부에 대한 남성들의 호의도를 향상시키자는 것이었다. 육아데이는 공보육의 주체인 부모, 어린이집, 기업, 정부가 함께 보육에 관심을 갖고 지원하자는 취지에서 마련되었다. 캠페인에 동참하는 기업은 어린 자녀를 둔 부모의 정시 퇴근을 배려하고, 부모는 이를 통해 자녀의 보육에 좀 더 적극적으로 참여할 시간을 갖게 되며, 보육 시설은 부모참여 프로그램을 확대한다는 유기적 체계로 운영됐다. 여성가족부는 이를 위해 기업들에 육아의 날에 정시 퇴근할 수 있도록 배려할 것을 요청하고, 어린이집에는 부모가 참여하는 프로그램을 시행하게 하고, 학부모 운영위원회를 활성화하도록 권장했다. 이런 가족 친화적 정책은 남성들이 여성가족부에 갖는 반감을 누그러뜨렸다.

이순신 장군 동상은 탈의 중? 모두가 놀란 시도!

2010년 11월 17일 광화문 광장의 이순신 장군 동상 자리에 재미있는 가림막이 등장했다. 바로 '탈의 중'이란 문구와 함께 드레스룸을 연상시키는 디자인의 가림막이 설치된 것이다. 서울시에서 이런 놀라운 시도를 하다니……. 이것은 순식간에 이슈가 되었다. 시민들 의견은 '재미있다'와 '너무 가볍다'가 반반이었다.

그렇다면 이런 놀라운 시도는 어떻게 나왔을까? 서울시는 2010년 10월, 전문가들과 이순신 장군 동상을 정밀 진단했다. 그 결과 동상을 세운 지 42년 만에 처음으로 보수를 위해 작업장으로 이동해야 한다는 결론을 내렸다. 서울시는 고민을 할 수밖에 없었다.

광화문을 지켜온 대표 상징물인 이순신 장군 동상이 자리를 비웠을 때 그 허전함을 어떻게 최소화할 수 있을까? 처음에는 실물 가림막을 설치하자, 그냥 빈자리로 놓아두고 안내판을 설치하자 등등 여러 의견이 오갔다.

그러다가 국제 광고 공모전에서 50여 개의 메달을 받으며 광고 천재라고 불리던 이제석 씨에게 의뢰를 하게 됐다. 처음에 '탈의 중' 시안을 보고 공무원들은 놀랄 노 자였다. 아이디어는 좋았지만 너무 파격적이었기 때문이다. 얼마나 고민했겠는가. 우리나라 대표 상징 거리인 광화문에, 그것도 40년 넘게 자리를 지킨 숭고한 이순신 장군 동상에 드레스룸을 만들어 '탈의 중' 카피를 붙이다니! 괜히 긁어 부스럼 만드는 건 아닐까? 언론의 비판도 두려웠고 여러 고민이 많았다.

그런데 이 당시 서울시는 시민과 소통을 강화하는 'FUN 마케팅'이 화두였다. 이제석 씨가 제안한 이순신 장군 동상 가림막은 서울시가 추구하는 펀 마케팅에 딱 맞는 시도였다. 이 가림막이 세상의 빛을 보게 된 것은 '홍보 정책 방향 + 이제석이라는 걸출한 대한민국 광고인의 실력 + 담당자의 오픈 마인드' 등 삼박자가 딱 맞아떨어져 가능했다.

사실 공공 정책홍보에 획을 그을 만한 이 획기적인 시도는 아이디어를 낸 사람뿐만 아니라 이것을 선정한 공무원에게도 박수를 보내야 한다. 담당 공무원은 아마 가림막이 시민에게 공개되기 전날 밤잠을 설쳤을 것이다. 언론과 시민의 반응이 어떨지, 행여나 광화문을 지키고 있던 이순신 장군 동상을 너무 가볍게 표현했다는 비난이 쏟아지면 어쩌나 하는 걱정이 들었을 것이다.

그러나 막상 뚜껑을 열자 '재미있다, 신선하다, 관공서에서 저런 가림막을 설치하다니 놀랍다' 등등 시민들 반응이 의외로 뜨거웠다. 획기적인 시도라 비판 여론도 예상돼 처음에는 하루만 이벤트성으로 '탈의 중' 가림막을 설치하고 이후에는 동상의 모습을 볼 수 있는 사진을 걸기로 했었다. 그러나 예상했던 것보다 시민의 반응이 좋았고 언론에서도 참신하다는 보도가 연이어 나오면서 고민 끝에 시민 여론조사를 실시한 후 결정하기로 했다.

여론조사 결과 계속 두자는 의견이 전체의 61.2퍼센트(316명)로 반대 의견 36.8퍼센트(184명)보다 훨씬 높았다. 찬성 이유로는 '재미있어서'(28.3퍼센트)가 가장 많았고, '신선해서'(12.0퍼센트), '교체 비용이 들지 않아서'(6.7퍼센트), '독창적이어서'(6.4퍼센트)가 뒤를 이었다. 연령별로는 10대가 가장 높은 지지를 보였다. 10대의 경우 찬성 의견이 68.2퍼센트로 반대 31.8퍼센트보다 2배나 높았다. 당시 담당자들도 예상보다 좋은 여론조사 결과에 그제야 조마조마했던 마음을 풀 수 있었다.

지금도 당시 이를 담당했던 과장님, 팀장님 들을 만나면 정책 홍보 역사에 획을 그을 만한 일을 했다고 말하고 싶다. 이런 시도가 인정받아 '장군님은 탈의 중' 가림막은 2011년 5월 '2011 뉴욕 페스티벌' 본선(파이널리스트)까지 오르는 기염을 토했다. 비록 최종 수상은 못했지만 정부 및 지방자치단체 광고가 세계 광고제 본선 무대에 오른 것은 이례적인 일이었다.

홈페이지는 그 기관의 얼굴

홈페이지는 인터넷 발달과 맥을 같이한다. 그러나 블로그, 트위터, 페이스북, 카카오톡 등이 나오면서 구색을 맞추기 위한 형식적인 매체로 기능이 쇠퇴하고 있다. 하지만 시민들이 공공기관에 대한 정보를 검색할 때 블로그나 트위터 등에 앞서 가장 먼저들어가는 곳이 바로 홈페이지다. 또 정부 부처나 지방정부의 홈페이지는 대시민 서비스에서 가장 중요한 업무 중 하나인 민원을 처리하는 주요 창구다. 따라서 홈페이지는 그 기관의 얼굴이라는 마인드로 접근해야 한다.

홈페이지에서 가장 중요한 것은 업데이트와 편의성이다. 특히 관련 정책이나 사업 등에 대한 업데이트는 매우 중요하다. 기사나 새로운 소식이 거의 매일 올라와야 살아 있는 홈페이지가 될 수 있다. 홈페이지가 있어도 업데이트가 안 되면 홈페이지를 찾은 시민에게 잘못된 정보를 제공할 수 있고, 자칫하면 일을 하지 않는 기관이란 이미지마저 줄 우려가 있다. 심지어 기자들도 기사를 쓸 때 사업 관련 팩트 확인을 위해 홈페이지를 종종 찾는데 업데이트되지 않은 예전 자료가 기사로 그대로 나가 오보가 나기도 한다.

이를 막기 위해서는 각 홈페이지의 메뉴와 콘텐츠별로 담당자를 두는 것이 좋다. 모든 콘텐츠를 한 사람이 책임지고 업데이트하기에는 무리가 있고 놓치는 내용이 있기 때문이다. 사업 관련 콘텐츠는 그 사업을 제일 잘 아는 담당자가 내용을 관리하는 것이 가장 이상적이다. 사업의 팩트가 수정될 때마다 홈페이지에 그대로 업데이트하면 되기 때문이다.

또 사용자 편의성을 중심으로 홈페이지의 정보를 구성하는 것도 필수다. 어떤 정보를 찾으러 홈페이지에 들어갔는데 관련 내용을 찾기 어렵다면 그 홈페이지를 다시 방문하지 않을 것이다. 서울시의 경우 얼마 전 각 사업 중심으로 정리돼 있던 홈페이지 콘텐츠를 시민 중심으로 재편해 눈길을 모으기도 했다.

여기에 연간 최소 두 번 정도는 리뉴얼해서 새로운 느낌을 주면 더 좋다. 예전에 어떤 웹진의 홈페이지 메인 디자인이 나무였는데 봄에는 싱그러운 나뭇잎, 여름에는 매미가 나무에 붙어 우는 모습의 플래시, 가을에는 단풍나무와 단풍이 떨어지는 플래시, 겨울에는 나무에 눈이 내린 모습 등 각 계절에 맞게 나무의 디자인을 조금씩 변화시켰다. 디자인을 크게 바꾸지 않고도 계절성을 살리는 아이디어가 참 좋았다.

홈페이지 디자인 리뉴얼은 손이 많이 가는 작업이라 비용이 만만치 않다. 그러나 아이디어만 있으면 이렇게 적은 비용, 조금의 변화로도 새로운 느낌을 줄 수 있다. 또 예전에는 공공기관 홈페이지는 기관 냄새가 물씬 풍기는 디자인이 대부분이었다. 딱딱하고 획일적인 파란색 디자인에 메뉴 이름 역시 경직되어 있었다. 그러나 요즘은 많이 달라지고 있다. 디자인도 전문 업체에 외주를 주어 화려하게 하고, 메뉴 이름도 재미있고 톡톡 튀게 만들어 색다른 느낌을 주기도 한다.

온라인 홍보의 대표 주자: 블로그와 카페

요새 기업은 물론이고 공공기관도 블로그와 카페가 없는 곳은 찾아보기 힘들다. 그런데 공공 분야에서는 '잘'되는 블로그, 즉 쉴

새 없이 댓글이 달리고 소통하는 블로그와 카페는 드물다. 그렇다면 이들을 어떻게 운영해야 할까?

사실 필자는 블로그와 카페는 공공기관과 맞지 않다고 생각했다. 기본적으로 의견이 하나하나 오가야 하는데 실제로는 그렇게 하기 힘들기 때문이다. 담당 공무원 한 명이 시민의 제안 글에 할 수 있는 최선의 답변은 '검토해보겠습니다'이다. 담당자 한 명의 말은 곧 그 기관의 말이 되기 때문에 쉽게 답변하기 힘들다. 공공 기관의 블로그와 카페의 한계가 명확할 수밖에 없는 이유가 바로 이것이다. 영국 의회에서는 시민이 법안을 제안해 거기에 시민 몇 명 이상이 찬성하면 그에 따라 법안 상정을 검토하는 제도도 있다고 하지만 그건 의회에서나 가능한 일이다.

그렇다면 공공 정책의 블로그, 카페를 잘 운영하는 비법은 무엇일까? 먼저 담당자는 블로그나 카페를 개설하는 것도 중요하지만 지속적으로 운영하는 것이 더 중요함을 알아야 한다. 즉, 블로그와 카페를 운영할 때 가장 기본은 풍부한 콘텐츠와 업데이트임을 명심해야 한다. 업데이트가 이뤄지지 않고 내용이 충실하지 않다면 그런 블로그와 카페는 없는 게 낫다. 블로그를 만드는 것은 그저 하얀 도화지를 준비한 것일 뿐이고, 그 안에 내용을 채우는 것이 더욱 어렵다. 글이 업데이트되지 않고 관리되지 않는 블로그와 카페는 오히려 빨리 없애는 게 이득이다. 그 기관이나 단체의 이미지를 해치기 때문이다.

또 블로그와 카페는 운영하는 데 손이 많이 가지만 공들인 만큼 표가 잘 나지 않는다. 특히 공공기관의 분위기상 내부에서도 우리 기관에 블로그가 있다는 것이 중요하지 이를 어떻게 운영하고, 여기에 얼마나 손이 가는지는 별로 관심이 없다. 그러다 죽은 블로그라고 언론에 비판 기사라도 나면 실무자는 넋 놓고 있다 호되게 당한다. 이를 방지하기 위해서 코너를 나누어 그 코너와 관계된 업무를 하는 사람들을 각각 업데이트 담당자로 정하고 운영하는 것이 가장 효과적이다.

그리고 홈페이지가 있는데도 블로그를 따로 운영하는 이유는 무엇인지, 블로그의 색깔은 어떻게 갈 것인지 등 블로그의 콘셉트와 정체성을 정해야 한다. 각 블로그에도 캐릭터가 있다. 메인 디자인, 메인 카피, 서브 코너, 세부 콘텐츠 등등 이 모든 것이 블로그의 캐릭터가 된다. 홈페이지는 대부분 딱딱하고 이성적인 내용을 담고 있다. 따라서 블로그는 좀 더 말랑하고 생활에 밀접한 이야기로 친근하게 가는 것이 바람직하다.

블로그나 카페의 성패를 좌우하는 것은 방문자 수다. 그렇다면 방문자 수를 늘리는 방법에는 어떤 것이 있을까? 두 가지 정도를 제시해볼 수 있을 것인데, 첫째는 바로 모니터단 등 정책과 관련한 시민의 온라인 모임터 기능을 같이하고, 시민들의 신청, 이벤트 등을 함께하는 것이다.

아리수 같은 경우 어린이 기자단, 명예홍보대사, 모니터단 등 인적 네트워크를 갖추고 있다. 아리수는 이 인적 네트워크를 활용해 카페와 블로그를 운영한다. 그러면 이에 관계된 시민이 많이 들어오고 자연히 방문자 수가 늘어난다.

두 번째 팁은 바로 실생활과 연관시켜 태그를 많이 다는 것이다. 예를 들어 '#제주도 #날씨 #여행 #나들이 #맛집 #친구 #비상금' 등 블로그 콘텐츠 안에 조금이라도 해당 내용이 있다면 실생활과 밀접한 것은 무조건 태그를 다는 것이 중요하다.

공공기관 블로그 중 잘 운영되는 것으로 손꼽히는 네 곳을 살펴보자. 산업통상자원부의 경우 대한민국 경제맥박 블로그 '경제다반사'라는 타이틀로 블로그를 운영했다. 밥을 먹고 차를 마시듯 일상 속의 경제 이야기를 쉽고 재미있게 전해준다는 의미로 '경제다반사'란 이름을 붙였으며 그곳에 게재했던 콘텐츠 가운데 재미있고 유익한 내용을 골라 『경제다반사』(레디셋고, 2012)라는 단행본을 출간하기도 했다. 이 중에서 대한민국 최초 시리즈라는 기획물이 눈길을 잡는데, '대한민국 최초! 시리즈 NO. 01 라면' 편에서는 라면에 관한 이야기를 다뤘고, 뒤이어 TV, 전화기 등 대한민국 경제와 연관된 재미있는 기획물을 연재하고 있다. '통하는 테마' 코너에는 '디지털 기기를 사용하면 디지털 치매가 온다고?', '연말 술자리 이것만은 NO!', '미래에너지 셰일가스에 주목하라' 등 다방면에 걸친 신선한 기사가 가득했다. 지금은 '대한민국 경제활주로'로 이름을 바꾸고 세부 메뉴를 리뉴얼했는데 오히려 리뉴얼 전이 더 나았다는 생각이 든다.

다음으로 소개할 곳은 바로 경찰청의 '폴인러브(POL IN LOVE), 경찰과 사랑에 빠졌어요' 블로그이다. 이름부터 친근하고 재미있는 이 블로그는 폴인러브 순찰중, 폴인러브 사람들, 폴인러브 놀이터의 세 가지 메인메뉴로 운영되고 있다. 그중에서도 폴인러브 놀이터를 보면 실제 사람들이 생활에서 부딪히는 사건, 사고 관련 궁금한 것들을 하나씩 풀어주고 있어 눈길을 끈다. 예를 들면 '폭력사건 시 합의서 작성에 대해 알고 싶어요? 횡단보도에서 발생한 교통사고 어떻게 해야 하나요? 사장님도 알바생도 주목, 상가 절도 예방법!' 등을 삽화와 함께 쉽고 자세하게 다룬다. '온(溫)라인 감동사연, [웹툰] 포.도.알, [뉴스펀딩] 언제 어른이 될까요' 등 세부 메뉴의 제목도 범상치 않다.

법무부는 '행복해지는 법'이란 블로그를 운영하고 있다. 이 블로그에서 눈에 띄는 것은 법테인먼트와 갈리나의 사회생활백서이다. 법테인먼트에는 '〈무한도전〉 '토토가' 유사 상표 나왔다?, 재미로 보는 영화 〈빅 히어로〉 속 항공법 위반, 드라마 〈스파이〉 속 요원을 파헤치다!' 등 자칫 어렵게 느낄 수 있는 법을 영화나 TV 속 사례를 통해 쉽고 재미있게 소개한다. 놀라운 것은 갈리나의 사회생활백서는 외국인 아내 갈리나의 좌충우돌 이야기를 웹툰으로 친근하게 담고 있다는 것이다. 이 웹툰을 보면 다문화 가정에서 필요한 것들, 예를 들면 한글 교육을 어디서 받아야 하는지, 우리나라에서 치러지는 국제대회를 제대로 즐기려면 어떻게 해야 하는지 등이 나온다. 즉, 블로그의 한 코너를 다문화가족을 타깃으로 해서 운영하는 것이다. 칭찬하지 않을 수 없다. 다문화가족이 하루가 다르게 늘어가는 현실에 비추어 매우 시의적절한 시도이며, 소외받는 계층에 대한 배려를 담았다는 점에서 공공기관의 블로그로서 꼭 필요한 역할을 하고 있다.

서울시도 서울마니아란 이름의 공식 블로그를 운영하고 있다. 서브 메뉴로는 정책을 소개하는 포커스 서울, 정책 예보와 서울이 좋다, 시민의 서울, 블로거데이 등이 있으며 시민들이 서울시 정책이나 명소를 소개하는 시민이 간다, 서울의 가장 핫한 소식을 전해주는 서울 온(ON) 등으로 구성되어 있다.

이처럼 공공기관의 블로그 이름만 봐도 얼마나 일취월장하고 있는지 보인다. 이들의 가장 큰 공통점은 정책 관련 소식보다는 블로그를 찾는 시민들이 필요로 하고 공감하는 정보를 많이 올린다는 점이다. 이 4개의 블로그만 벤치마킹해도 블로그와 카페를 어떻게 운영해야 할지 길이 보일 것이다.

빛의 속도로 진화하는 SNS

SNS란 온라인에서 친구나 동료 등 불특정 타인과 관계를 맺고 인맥을 관리하며 정보와 의견을 교환하는 커뮤니케이션 수단이다. 페이스북, 트위터 등 SNS는 사람들이 소통하는 가장 보편적인 커뮤니케이션 방식으로 자리 잡았다. SNS는 성격에 따라 정보형 SNS인 트위터와 미투데이, 인맥형 SNS인 페이스북과 카카오스토리로 나눌 수 있다.

인맥형인 페이스북, 싸이월드, 카카오스토리는 댓글 달기, 좋아하기 등 사회 소통적 기능을 하여 가까운 지인 위주로 정보를 전달·공유하므로 주로 개인적이고 일상적인 정보가 많다. 또 페이스북, 싸이월드, 카카오스토리는 친구 맺기를 신청하고 이를 수락하는 경우에만 서로 친구로 이어지기 때문에 관계 맺기에서 통제가 가능하다. 반면 트위터는 누구를 팔로우할지는 결정할 수 있지만 자신을 팔로우하는 사람들은 통제할 수 없다. 즉, 불특정 다수에게 정보를 빠르게 전달하고 파급력이 높은 것은 트위터와 미투데이이고, 많은 사람에게 빠르고 즉각적으로 정보를 전달하기는 어렵지만 소통과 공감을 통해 반응을 이끌어내는 것은 페이스북과 카카오스토리다. 이 중에서도 가장 많이 쓰이는 것은 역시 페이스북과 트위터다.

전 세계를 기준으로 페이스북은 2014년 6월 현재 13억 2000만 명이 쓰고 있으며, 트위터 가입자는 2014년 4월 현재 2억 5500만 명을 넘어섰다. 스마트폰을 쓰는 사람이 급증하고 모바일 인터넷 서비스가 발전하면서 SNS 이용이 더 편리해져 SNS 사용 인구는 하루가 다르게 늘고 있다.

이와 같은 SNS의 폭발적인 증가는 우리 사회에 많은 변화를 가져왔다. CEO, 정치인, 연예인, 소설가 등 오피니언 리더들이 페이스북이나 트위터 같은 SNS에서 자신들의 명성과 평판을 활용해 더 많은 사람에게 영향력을 행사할 수 있게 되었고, 대중과 소통하는 그들의 메시지가 또 다른 뉴스가 되고 있다. SNS가 나오기 전에는 이런 유명 인사들에 대한 소식을 주로 매스미디어를 통해 접했지만, 지금은 SNS를 통해 일반인도 유명인과 직접 소통하고 대화를 나눌 수 있다. 이처럼 SNS의 위력은 폭발적으로 증가하여 현대인의 필수품으로 자리 잡고 있다. 기업은 사회적 파급력이 큰 CEO SNS를 기업 SNS와 별도로 운영해 CEO에 대한 이미지를 기업에 대한 호의도나 제품 구매로 연결시키는 전략을 활용한다.

공공기관에서도 SNS를 커뮤니케이션 채널로 적극 활용하고 있다. 조직 SNS뿐만 아니라 기관장의 SNS를 운영해 대중과 거리감을 좁히고 정책에 대한 인지도와 지지도를 올리고 있다. 공공기관에서 SNS를 운영할 때 가장 주의할 것은 메시지의 내용이다. 앞에서도 말했듯이 공공기관의 담당자가 하는 말은 곧 기관의 의견이 되기 때문에 메시지를 올릴 때도 신중에 신중을 기해야 한다. 답변에 대한 책임 소재를 늘 의식해야 하는 것이다. SNS 매체 특성상 구어체로 친근한 형식의 메시지를 구사한다고 해서 메시지 내용까지 가볍게 가거나 사실 여부를 확인하지 않고 멘션을 올린다면 자칫 대형 사고로 이어질 수 있다.

공공기관이나 유명인의 SNS는 기사에 목마른 기자들이 기삿거리를 찾기 위해 주시하고 있다는 사실을 잊어서는 안 된다. 잘못된 메시지나 문제가 있는 멘션은 실시간으로 기사화되어 문제를 일으킨다. 조금이라도 망설여지거나 의심되는 내용이 있다면 반드시 확인 후에 업로드를 해야 한다. 이런 의미에서 SNS의 콘텐츠

는 그 기관의 정책이나 업무와 내용, 가치, 지향점 등과 일치해야
한다.

공공기관 SNS 운영의 팁!

　지금 서울시에는 트위터 열풍이 불고 있다. 현 서울시 박원순
시장이 그야말로 스타 트위터리안이기 때문이다. 시 전체에도 트
위터 바람이 불었다. 이에 홍보 잘하기로 유명한 서울시 아리수도
트위터를 개설했다.

　이러한 트위터의 위력을 실감한 때가 있었으니 바로 조류주의
보가 나타난 때였다. 연이은 폭염과 가뭄으로 팔당호의 조류수치
가 기준치를 넘어섰다. 몸에 해는 없지만 흙냄새를 유발하는 물질
인 지오스민(geosmin) 수치가 폭발적으로 증가했다. 그러자 상수
원인 팔당호에 녹색 조류가 낀 모습을 녹차라떼에 비유하는 트윗
이 급속히 올라오기 시작했다. 한 트위터리안의 녹차라떼 언급은
일파만파로 퍼져 신문들도 앞다퉈 이를 헤드라인으로 보도하기
시작했다. 트위터에는 '녹차라떼의 진실', '녹차라떼 공포', '한강은
지금 녹차라떼' 등 정신을 못 차릴 정도로 많은 내용이 올라왔다.
시는 곧장 서울시 수돗물 비상 체제에 돌입해 안전한 수돗물 만들

기에 최선을 다하겠다는 의지를 표명했지만 논란은 수그러들 줄 몰랐다.

이처럼 SNS는 엄청난 파급력을 지니고 있으며, 특히 이를 통해 부정적 이슈가 걷잡을 수 없이 확산되기도 한다. 그러므로 공공기관에서 SNS를 운영할 때는 이러한 위험성을 충분히 고려한 상태에서 전략적으로 접근해야 한다. 피드백이 있는 공간이 되는 것은 물론이고, 부정적인 이슈에는 더욱 적극적으로 대응하는 창구가 되도록 커뮤니케이션 방향을 수립해야 한다.

SNS는 직접 해봐야 운영 노하우가 생길 것이나, 운영할 때 염두에 두어야 할 지침들을 알아보자. 먼저, SNS의 메시지가 단순하다고 아무런 준비 없이 운영해서는 안 되며, 철저한 기획하에 운영해야 한다.

공공기관의 SNS는 정책 정보를 즉각적으로 전해주거나 수해주의보 같은 기상이변과 교통 상황 등을 알려주기에 좋은 매체다. 이를 잘 활용하면 어떤 방향으로 운영할지 보인다. SNS에서 가장 중요한 것은 진정성과 스토리가 있는 콘텐츠다. 진정성과 스토리가 있는 콘텐츠를 얼마나 친근하고 감성적으로 풀지가 SNS 운영의 키다.

공공기관에서 SNS를 운영할 때도 각 매체별 특성을 잘 살리는 것이 중요하다. 트위터는 20~30대의 젊은 층을 타깃으로 한 홍보가 필요할 때나 140자 이내의 짧은 내용을 통해 관심을 유도할 때 효과적이다. 또 이벤트, 교통 통제 안내, 단수 안내 등 속보성 내용을 긴급하게 전달할 때 유용하다. 예를 들어 폭설 시 시민 행동 요령을 보도자료로 안내할 수도 있지만 트위터를 이용하면 공유와 확산이 빠르게 이뤄지고 시민들이 편리하게 접근할 수 있어서 호응이 높다.

트위터를 운영할 때는 딱딱한 내용보다 교감과 공감이 이뤄질 수 있는 감성적인 콘텐츠로 포장하는 것이 중요하다. 또 140자로 한정된 텍스트의 한계를 넘을 수 있는 사진 등의 이미지를 잘 활용해야 한다. 2011년 1월 서울시는 트위터로 '복지 사각지대를 찾아라' 캠페인을 진행해 스토리텔링을 통한 제보를 유도했다. SNS를 통해 자원봉사 신청 안내, 일반 시민 기부, 나눔 코너 안내 등을 추진했다. 이는 서울시가 복지정책의 사각지대를 찾는 방안을 시민과 함께하기 위해 추진한 것이다.

페이스북은 별도의 홍보 예산이 없이도 시민의 참여를 유도하고 의견을 수렴하기 좋다. 정책이나 사업에 대한 정보나 답변이 필요하거나 시민들과 소통할 때 효과적이다. 서울시 뉴타운 재개발 기자회견이나 모바일 웹페이지 의견 수렴 등이 대표적이다. 미투데이는 10~20대 어린 층을 타깃으로 한 홍보를 하기에 적절하다. 행사, 모집, 여행, 관광 등의 정보를 제공하고 동시에 공공기관의 이미지를 벗고 가까운 친구처럼 소통하기에 좋다. 체험학습 모집이나 축제 행사 소개 같은 것이 대표적이다. 150자의 한정된 텍스트를 넘어설 수 있는 이미지 자료도 적극 활용해야 한다.

이렇게 SNS마다 특성이 다르므로 메시지를 다르게 할 수도 있다. 앞에서 이야기한 각 SNS의 매체 특성을 잘 살려 기획을 해야 하는 것이다. 또 주요 정책 정보 및 이슈 포스팅을 꾸준히 하는 등 관리를 해야 한다. SNS를 만들어놓고 일주일에 한두 건만 포스팅하는 것은 차라리 운영을 안 하느니만 못하다. 매일 2~5개 정도의 메시지를 올려서 살아 있는 SNS, 지속적으로 관리되는 SNS라는 이미지를 주는 것이 좋다.

또 모니터링을 잘하고 답변은 성실하게, 되도록 빠른 시간 내에 달아야 한다. 사실 SNS가 생기면서 홍보 담당자들은 일이 많아졌다. 실시간으로 포스팅되는 메시지들을 계속 살펴보고, 그중 답변이 필요한 사항은 결재를 받아 올려야 한다. 만약 부정적인 이슈로 SNS가 도배되었다면 핵심적인 질문 하나에 정확한 입장을 표명하는 것이 좋다. 빠르게 대응한다고 정확하지 않거나 모호한 사항을 달아서는 절대 안 된다. 오히려 시간이 걸리더라도 관련 사업 부서 등에 사실 여부를 확인한 후 답변을 다는 것이 좋다. 자칫 모호하거나 애매한 메시지는 더 많은 논란을 가져올 수 있다.

더불어 시민의 글을 일방적으로 삭제하면 안 된다. 부정적인 내용의 글이라도 삭제했다는 사실 자체로 큰 위기를 불러올 수 있다. 다만 욕 같은 비속어나 모욕적인 글, 유명인을 사칭한 글, 광고글 등은 삭제할 수 있다. 더불어 글을 올릴 때는 SNS의 특성을 살려 쉽게 질문하고 대화가 오갈 수 있도록 친근한 구어체를 사용하는 것이 좋다.

메시지뿐만 아니라 사진을 잘 활용하는 것도 중요하다. 때론 백 자의 글보다 한 장의 사진이 더 많은 이야기를 전달한다. 정책 관련한 행사 사진, 주목을 끄는 사진 등을 올려 읽는 재미를 더해준다. 또 SNS를 전담하는 인력을 따로 두는 것이 좋다. 아리수도 온라인 전담 인력이 2명, 외주업체 2명이 붙어 포스팅, 답변, 모니터 등을 하고 있다. SNS 전담 인력은 기본적으로 글쓰기 능력이 있어야 하며 SNS 도구 활용 역량이 높고 늘 변화하는 모바일 환경에 적응력이 빠른 사람이 적합하다. 이런 측면에서 보면 SNS는 아무래도 신입이나 젊은 친구들이 하는 것이 더 낫다.

온라인 홍보의 운동장, 포털 사이트

포털은 '인터넷을 시작하는 문'이라는 뜻으로 한국언론진흥재단에서 2012년 조사한 내용에 따르면 우리나라 인터넷 이용자의 80퍼센트 이상이 포털 사이트를 이용한다. 컴퓨터를 쓰는 사람 대부분이 인터넷을 하고 있고, 인터넷을 이용하는 사람들은 메인 화면으로 포털을 지정해 검색, 뉴스, 토론, 메일, 커뮤니티(카페, 블로그)에서 정보를 공유하고 참여하는 등 세상과 소통한다. 포털은 이제 TV 다음으로 영향력이 높은 매체다. 하루 평균 미디어를 이용하는 사람이 TV에 이어 인터넷이 두 번째로 많다는 것은 어제오늘 일이 아니다.

포털은 이미 정보를 나누고 뉴스를 공유하는 주요 매체이며 여론 공유의 장으로 사용된다. 그런데 포털의 영향력이 커지면서 포털 배너 광고 등의 매체비도 높아지고 있다. 따라서 사업에 맞게 매체와 홍보 방식을 선택해야 비용 대비 효과를 크게 볼 수 있다.

포털에는 네이버, 다음, 네이트 등이 있는데 이들은 성격이 조금씩 다르다. 2014년 현재, 네이버는 월 방문자가 약 3427만 명으로 월간 방문자 수 1위다. 그만큼 영향력이 크다. 네이버는 검색, 지도, 블로그 등 정보를 제공하는 기능이 주요 서비스다. 포털 다음은 월 방문자 2779만 명으로 방문객 순위 2위다. 토론 서비스 아고라, 지도, 여성 미즈넷 등 쌍방향 소통 분야에서 힘을 발휘하고 있다. 네이트는 월 방문객 1780만 명으로 방문객 순위 3위이며 웹메신저는 네이트온과 동영상 서비스를 주로 한다. 그렇다면 이들을 어떻게 이용해야 할까?

포털을 이용한 홍보에는 포털 광고, 포털과 공동 캠페인이나 이벤트 추진, 포털 콘텐츠를 통한 시민 의견 수렴 등이 있다. 포털 광고는 공지성이 강하거나 단기에 집중적으로 알려야 할 경우에 효과적이다. 주로 배너를 통해 광고를 하는데, 비용이 많이 드는 단점이 있다.

포털을 이용한 홍보 중 특히 추천하는 것은 포털과 공동 캠페인을 추진하는 방안이다. 이는 포털 콘텐츠 제휴를 통해 시민 의견을 수렴하고 캠페인을 전개하는 것이다. 2012년 1월부터 3월 말까지 서울시는 '희망 온돌 프로젝트'를 포털과 함께 진행했다. 네티즌이 네이버, 다음, 네이트 등에서 활동하면서 생긴 마일리지인 도토리, 콩 등을 기부해 모금을 하고, 그 모금액으로 독거노인과 쪽방촌 주민의 난방비와 의료비를 지원한 것이다.

이 외에도 다음 아고라를 활용해 시민 의견을 수렴하는 방법, 포털 테마 검색을 통해 관련 정책을 노출하는 방법, 이슈성 주제에 대해 네이버 캐스트(특정 주제에 해당하는 내용을 네이버 메인 등에 노출하는 것)를 활용하는 방안이 있다. 이는 시민의 공감을 바탕으로 참여를 유도하는 이벤트에 효과적이다.

다음으로는 포털 테마 검색을 활용하는 것인데 'ㅇㅇ 프로젝트' 같은 정책명을 포털 검색 결과 상단에 특집 형태로 노출하는 방식이다. 네이버 캐스트는 '서울시에서 추천하는 서울 꽃길 5선' 같은 계절성 사업에 효과가 좋다.

온라인 캠페인

여성가족부는 2007년에 '오픈유어하트(Open your heart: 마음을 열어주세요)'라는 다문화가족 인식 개선 캠페인을 추진하고 있었다. 다음 아고라는 네티즌 청원으로 유명한데 이곳은 여성가족부 퇴출 서명이 벌어진 곳이기도 하다.

필자는 다음에 사회 공헌 활동이 활성화되어 있다는 사실을 알고는 관계자를 만나 오픈유어하트 캠페인을 여성가족부와 함께 할 것을 제안했다. 다음에서는 흔쾌히 이 제안을 받아들였고, 여성가족부는 정부 캠페인으로는 최초로 아고라 청원으로 캠페인을 진행했다. 2007년 10월 29일부터 2주 동안 결혼 이민자 2세에 대한 편견을 해소하려는 오픈유어하트 캠페인이 다음 아고라에서 펼쳐졌다. 여성가족부는 '결혼 이민자 가족 아이들을 위한 나의 다짐'에 네티즌 5000명 동참을 목표로 정했다.

특히 이 캠페인은 무의식중에 사용하는 차별적인 언어 습관을 개선하자는 것으로, 총 네 가지로 구성되어 실질적인 행동을 촉구하는 내용으로 관심을 끌었다. 그 내용은 다음과 같다. "첫째, 나는 단일민족이라는 인식 아래 일어나는 차별에 반대합니다. 둘째, 나는 피부색과 상관없이 한국인으로 포용할 수 있습니다. 셋째, 나는 혼혈인이라는 표현을 사용하지 않겠습니다. 넷째, 나는 살색 대신 살구색이란 색깔 이름을 사용하겠습니다."

온라인 서명 외에도 실제 결혼 이민자 가족 아이들의 고민과 차별 없는 학교에서 행복한 모습을 담은 감동적인 UCC 두 편을 제작해 배포했다. 제1편, '당신이 마음을 먼저 열어주세요'에서는 사람들의 차가운 시선에 상처받은 '효준'이라는 결혼 이민자 2세를 통해 스스로의 모습을 돌아보게 했다. 제2편은 '다름도 또 하나의 우리입니다'로 부산아시아공동체학교를 방문했다. 그곳에서 결혼 이민자 가족 아이들과 보통 한국인 가정에서 태어난 아이들이 스스럼없이 어울리는 모습을 통해 그들도 똑같은 한국 사람임을 보여줬다.

또 2012년 10월에는 아리수도 '착한 물 아리수와 유니세프가 함께하는 아프리카 후원 캠페인'을 펼쳤다. 이는 서울시 상수도사업본부 홈페이지에 접속해 캠페인 창에 들어가서 물 한 방울을 클릭하면 500원이 적립되고 그 적립금을 서울시가 유니세프에 기증하는 형식으로 진행되었다. 특히 온라인 캠페인은 시민들의 댓글을 받을 수 있어 더욱 재미가 있다. 아리수는 이 캠페인으로 모은 적립금을 유니세프에 전달하는 전달식의 보도자료에 시민들의 댓글을 활용하기도 했다.

이제 대세는 모바일

정보통신정책연구원의 조사에 따르면 스마트폰 이용시간이 2011년 21분에서 2012년 46분, 2013년 1시간 6분, 2014년에는 1시간 16분으로 크게 증가하고 있는 것으로 나타났다. 이제는 스마트폰이 PC 보급을 앞지를 만큼 크게 확산되면서 모든 분야에서 '대세'로 떠올랐다. 모바일 웹 홈페이지로 정보를 보는 시민이 기하급수적으로 늘고 있고 앞으로도 더욱 늘어날 전망이다. 기업이나 공공기관도 모바일 홈페이지 제작이 필수가 되었다.

2011년 숙명여대 웹발전연구소에서 조사한 바에 따르면 중앙

행정기관 58곳 중 35곳(73퍼센트)이 모바일 웹 서비스를 제공 중인 것으로 나타났다. 기존의 홈페이지는 스마트폰에서 열면 필요 없는 정보까지 다 떠서 시간이 오래 걸리고, 필요한 정보를 찾는 것도 쉽지 않았다. 이렇다 보니 모바일용 홈페이지가 별도로 제작되기 시작했다. 이제는 각종 쇼핑몰과 병원 심지어 학교까지 모바일 홈페이지가 없는 곳이 없다. 모바일용으로는 홈페이지와 앱이 있는데 보통 모바일 홈페이지에는 카테고리를 만들고, 기존 홈페이지의 것을 다 넣기보다는 꼭 필요한 콘텐츠만 취사선택해 넣는다.

공공기관이라면 물론 기존 홈페이지에서 시민의 이용률이 높은 콘텐츠, 민원, 생활 밀착형 정보 등 꼭 필요한 메뉴 중심으로 구성해야 한다. 아리수는 수도 요금, 민원, 우리 동네 수질 확인 등을 모바일 홈페이지에 넣었다.

모바일 홈페이지와 함께 앱과 QR 코드도 제작하면 좋다. 앱은 애플용과 안드로이드용으로 따로 만들어야 하고, 마켓에 앱을 올려놓으면 된다. QR 코드는 정사각형 모양의 불규칙한 마크로 'Quick Response'의 약자이며 빠른 대답을 얻을 수 있다는 뜻이다. 흔히 물건에 찍힌 바코드와 비슷하나 활용성이나 정보성 측면에서 보면 기존의 바코드보다 한층 더 진일보한 코드라고 할 수 있다.

기존의 바코드는 특정 상품명이나 제조사 등의 정보만 들어 있지만, QR 코드는 약 2cm^2 정도의 작은 크기에 긴 문장의 인터넷 주소(URL)나 사진 및 동영상 정보, 지도, 명함 등을 모두 담을 수 있어 기업의 중요한 홍보 마케팅 수단으로 폭넓게 활용된다.

스마트폰에서 QR 인식 앱을 사용해 QR 코드를 읽으면 해당 인터넷 사이트로 접속하는 방식을 많이 쓴다. 또 백화점이나 쇼핑몰 등에서 QR 코드에 할인 쿠폰 정보를 넣어 제품 구입 시 스마트폰으로 간편하게 쿠폰을 사용할 수 있다.

제작 방법도 어렵지 않다. QR 코드를 제작할 수 있는 인터넷 사이트를 이용하면 되는데 네이버 등 포털에서 QR 코드 제작 페이지에 들어가 QR 코드 만들기를 선택한다. 그러면 QR 코드에 원하는 정보를 담거나 인터넷 주소를 링크해서 활용할 수 있다.

아리수도 QR 코드를 개발해 활용하고 있다. 상수도사업본부 홈페이지 연동은 기본이고, 아리수 사랑 카페, 아리수 블로그 등 웹 사이트에 QR 코드를 적용한다. 또 직원 명함, 홍보 책자, 광고물, 이메일 전자 서명 등에 노출하고, 아리수 음수대에 QR 코드를 적용해 실시간으로 아리수 수질 검사 결과까지 조회가 가능하다. 이 외에도 기관별 QR 코드를 생성해 해당 홈페이지를 소개하고 아리수데이, 상수도 학술세미나 등 주요 행사에 QR 코드를 생성해 홍보에 활용하고 있다.

정책홍보는 여론에서 시작해 여론으로 끝난다

여론조사는 정책홍보에서 매우 중요한 과정이다. 정책홍보를 하는 목적이 정책이나 이슈에 호의적인 여론을 형성하는 것이기 때문이다. 여론조사는 크게 두 가지 목적으로 쓰인다. 먼저 사업 추진 성과를 평가하는 것과 정책 시행 전에 시민의 의견을 들어 예방 대책을 수립하려는 목적이다. 보통 주요 정책에 대해 여론조사를 할 때는 외주 전문 업체를 쓰고 비교적 간단한 조사 등은 자체적으로 실시한다. 따라서 홍보 담당자라면 여론조사의 기본적인 것을 알아야 한다.

여론조사는 일대일 면접 조사, 5~10명 정도로 구성된 특정 대표집단, 즉 포커스 그룹 인터뷰가 있다. 패널 조사는 오피니언 리더나 일반 국민으로 패널을 구성해 자유 토의, 전화, 설문조사 등을 통해 필요한 의견이나 아이디어를 얻는다. 설문지 조사는 비교적 저렴한 비용으로 실시할 수 있으며, 요즘은 적은 비용으로 빠르게 할 수 있는 온라인 여론조사를 비롯해 스마트폰을 이용한 모바일 조사도 많이 한다. 전화 조사는 가장 신속하게 필요한 정보

설문조사를 진행할 때 검토할 사항

항목	내용
조사계획 검토	- 조사 목적과 조사 대상, 기간 및 시기, 방법 등을 결정
설문지 검토	- 이해하기 쉬운 말로 작성되었는가? - 조사 목적과 관련된 설문이 모두 포함되었는가? - 문항 수는 적절한가? - 편향된 질문, 유도하는 질문이 있는가? - 응답자가 부담을 느끼는 질문이 있는가?

나 자료를 구할 수 있기에 갑작스러운 이슈나 사건이 일어났을 때 활용한다.

대부분 정책홍보 시 여론조사는 외부 여론조사 전문기관에 용역을 준다. 하지만 네이밍(이름 짓기)이나 공모전 작품 심사 등 내부 직원을 대상으로 설문조사를 해야 하는 일도 생긴다. 그럼 설문조사를 진행할 때 짚어야 할 사항들을 살펴보자.

먼저 기획서나 논문이 아니라면 구어체가 좋다. 그래야 쉽고 빠르게 이해되고 잘 읽히기 때문이다. 설문지를 작성할 때도 마찬가지다. 응답자가 질문 내용을 쉽게 이해할 수 있도록 구어체로 알기 쉽게 작성한다. 특히 받아들이는 사람마다 다르게 이해할 수 있는 애매한 용어는 피하는 게 좋고, 특정 응답을 유도하는 질문도 피해야 한다.

질문 구성은 앞부분에 너무 무거운 질문을 두면 뒤로 갈수록 대충 답하는 경향이 있으므로 앞부분은 조금 가볍고 친밀한 질문을 한다. 그리고 중간에 핵심적인 내용을 넣고, 후반부에는 덜 중요한 질문을 하는 것이 좋다. 또 여론조사를 하기 전에 반드시 익명성이 보장된다는 것을 안내하고, 이것이 '통계법'으로도 보장되는 것임을 알려줘 자신의 신분 노출을 우려해 답변을 왜곡하는 경우를 최소화해야 한다.

아울러 대부분 전화 설문을 많이 진행하는데, 설문을 진행할 면접원을 교육시키는 것은 아주 중요하다. 면접원의 센스 없는 대응이 자칫 민원을 불러올 수 있기 때문이다. 또 여론조사를 실시한 후 어떻게 활용할 것인가도 중요하다. 내부적으로는 주요 정책의 수립, 집행, 평가 등을 할 때 기초자료로 활용할 수 있고, 대외적으로는 언론에 보도자료, 인터넷과 홍보물 등을 통해 자료로 낼수 있다. 특히 언론은 객관적으로 입증된 통계자료를 좋아하는 만큼 여론조사는 보도자료의 좋은 소재가 된다.

잘해야 본전, 못하면 쪽박인 행사

공공기관 홍보에서 빠질 수 없는 것이 바로 캠페인 발대식을 비롯한 각종 시설의 준공식과 개막식 등이다. 여성가족부에 있을 당시 우리아이지키기 캠페인부터 육아데이 행사, 서울시에서는 세종대왕 동상 제막식, 을지한빛거리 개장식 등 여러 건의 행사를 했다. 사실 공공기관의 행사는 잘해야 본전이고 못하면 욕만 바가지로 먹기 쉽다. 그러므로 행사는 잘하는 것보다 비판의 여지 없이 치밀하게 준비하는 것이 더 중요하다. 행사는 참석하는 사람들이 제한적이기 때문에 언론홍보 계획과 병행해야 효과를 키울 수 있다. 또 준비한 것과 달리 VIP가 불참한다든가, 예상치 못한 비가 온다든가, 안전사고가 난다든가 하는 돌발상황이 많이 생긴다. 따라서 순발력과 임기응변 능력뿐만 아니라 돌발상황에 대처하는 시나리오까지 완벽히 준비해야 한다.

행사는 마치는 그 순간까지 긴장의 끈을 늦출 수 없기에 늘 힘들고 어렵다. 하지만 그런 만큼 행사를 잘 끝내면 보람이 크다. 행사를 할 때는 참석자 장갑부터 무대장치까지 세부적으로 챙길 것이 많으므로 체크리스트를 만들어 하나하나 살펴보는 것이 좋다. 또 행사 일주일 전에는 필히 업무를 나누고 담당자는 총괄을 맡아 준비해야 한다. 행사는 대략 한 달 전부터 프로그램을 준비하고 일주일 전에는 담당자별로 세부 준비를 한다. 그리고 마지막 이틀 전부터는 리허설을 하면서 빠진 것들을 챙겨야 한다. 또 VIP를 모

행사를 위한 체크리스트

항목	체크할 사항
행사 프로그램	행사 순서, 프로그램 짜기, 경과보고 영상물 제작, 행사 시나리오 작성, MC 선정, 인사말 및 사회자 멘트 카드 작성, 행사장 구성 및 좌석 배치도 작성, 시간 테이블 작성, 직원별 업무 분장
참석자	참석 대상자 확정, 초청장 제작 및 발송, 명찰 제작, 참석 여부 구두 확인, VIP 의전 요원 결정 및 리허설
행사장	장소 확정, 무대 디자인 결정, VIP 동선 체크, 안전 대책, 우천 시 대체 공간 확보 또는 비옷이나 우산 준비, 현수막 제작, 사진 및 동영상 담당자 지정
언론홍보	언론사 초청 대상자 선정 및 언론과 협의, 보도자료 준비, 현장 취재 지원 담당자 지정, 보도 결과 모니터

시는 행사라면 비표라 해서 보안을 위해 행사에 들어오는 사람들의 신원을 다 파악하고 출입증을 준비해야 한다.

행사를 준비할 때 가장 신경 써야 할 것은 세 가지로 압축된다. 행사 프로그램, 참석자, 그리고 행사장이다. 행사 프로그램은 이벤트 회사와 함께 추진하면 되고, 행사장도 도움을 받으면 되지만 제일 어려운 것이 바로 참석자 섭외다. 행사 프로그램을 잘 준비해놓고 참석자가 부족해 행사장이 썰렁하다면 그 행사는 성공했다고 할 수 없다. 그렇다고 무턱대고 아무나 초청할 수는 없다. 따라서 참석자를 정할 때는 그 행사 성격에 맞는 단체를 먼저 섭외하는 것이 가장 쉽다. 이를테면 어린이 관련 캠페인에는 해당 구청 산하의 초등학교 학생들을 초청하고, 세종대왕 동상 제막식을 할 때는 한글학회, 세종대왕 관련 단체 등을 섭외하는 것이다. 이때 제일 힘든 것이 특정 단체나 연고가 없는 행사인데, 이런 경우는 관련 공무원들에게 협조를 구하는 것이 가장 좋다.

홍보도 하고 콘텐츠도 얻고 일석이조, 공모전

공모전은 오래된 홍보 툴이지만 공공기관에서 진행하기 매우 적절한 수단이다. 시민의 작품을 정책에 활용해 시민과 소통하는 이미지를 보여주기에 딱이고, 타깃과 콘텐츠를 잘 정하면 아주 효과적인 수단이 되기 때문이다. 특히 요즘 대학생들은 스펙이 중요해서 대학생 홍보에는 공모전이 유용하다. 타깃이 많이 빗나가지 않는다면 대학생 공모전을 메인으로 할 것을 권장한다. 아이디어도 번뜩이고 완성도도 있으면서 타깃이 명확해서 홍보 효과도 뛰어나기 때문이다.

요즘 공모전은 사진, UCC, 광고, 슬로건, 정책명, 논문, 정책입안, 기획서, 캠페인 내용 등 콘텐츠도 다양하다. 정책에 따라 제일 필요하고 활용도 높은 분야로 하면 된다. 사진은 많은 사람이 취미로 즐기는 만큼 누구나 부담 없이 응모할 수 있어 응모율이 높은 것이 장점이다. 반면 실력이 비슷한 사람이 많아 눈에 띄게 좋은 작품을 얻기 힘들다는 단점이 있다.

정책을 광범위하게 홍보할 필요가 있을 때에는 당선작 수를 늘려 도서상품권 같은 상품을 되도록 많은 사람에게 주는 이벤트성으로 진행하는 것이 효과적이다. UCC와 광고는 제작하는 데 어느 정도 전문성을 요하기에 응모작은 적지만 퀄리티가 높은 작품을 얻을 수 있어 활용성이 높다. UCC는 몇 년 전 폭발적으로 유행한 후 지금은 약간 수그러들었지만 공모전의 콘텐츠 중 하나로 여전히 유용하다. 제작할 때 시간과 공이 많이 들어가기에 상금이 높아야 응모작 수가 늘어난다. 상금은 대상 200만 원 이상, 최고는 500만 원까지 주는 기관도 있다. 대부분 언론영상학부나 광고 관련 학생들이 응모하기에 신선한 아이디어가 많고, 광고는 헤드라인만 고쳐서 사용하면 될 정도로 완성도 높은 작품이 많다.

정책명이나 슬로건은 응모율과 활용도가 높아 꽤 유용하다. 정책명이나 네이밍은 아이디어만 있으면 누구나 쉽게 쓸 수 있어 퀄리티 있는 안들이 보이기도 한다. 2014년 서울시도 온라인 서울시 뉴스를 공모해 '서울톡톡'으로 네이밍을 해 시민이 만든 이름으로 관심을 모았다. 하지만 슬로건은 그 정책에 대한 압축적인 혜택, 특징, 상징성 등이 들어가야 하기에 응모작은 많지만 괜찮은 작품을 건지기는 쉽지 않다.

공모전의 응모율과 작품 퀄리티는 어떻게 홍보하느냐에 달려 있다고 해도 과언이 아니다. 우선 공모전의 경우 공모전 배너와 포스터를 꼭 제작하도록 한다. 대학생 공모전은 공모전 이름부터 기발하고 재밌으면 좋다. 또 대학교 내에 포스터를 게재하는 것은 필수다. 서울 소재 대학은 물론, 가능한 한 지방에 있는 대학에도 포스터를 게재해 모든 대학생이 다 볼 수 있도록 한다. 이를 위해 포스터에는 그 정책이나 브랜드에 관한 정보들을 작게나마 주는 것이 좋다. 직접 붙이러 다니기는 힘드니 포스터를 제작해 붙여주는 전문 대행사를 참고하기 바란다. 그리고 대티즌닷컴, 스펙업 등 공모전 전문 사이트에 광고하는 것도 빼놓으면 안 된다. 이 사이트들은 무료로 내용만 업로드할 수 있는 게시판도 있고, 유료 광고로 배너가 뜰 수 있게 할 수도 있다. 예산에 따라 광고 폭을 선택하면 된다.

또 대학교에 협조 공문을 꼭 보내야 한다. 대학마다 공모전은 물론 각종 행사에 협조 공문이 많이 올 텐데 누가 이걸 게재해주겠느냐고 생각하면 오산이다. 요즘 대학들은 스펙 쌓기에 여념 없는 학생들의 니즈를 반영해 공모전 정보를 홈페이지 등에 많이 게재해준다. 수강 신청, 과 홈페이지 알림장 등 대학생들은 홈페이

94
정책홍보 잘하는 법

지를 많이 이용하므로 대학에 공문 보내는 것을 간과해서는 안 된다. 대학교 공모전을 추진하면서 대학에 협조 공문을 보내고 몇몇 대학을 다니면서 '홈페이지 취업정보'란에 게재 여부를 확인했는데 게재된 대학의 작품 응모율이 높음을 직접 확인할 수 있었다.

공모전 기간은 약 한 달에서 한 달 반으로 잡으면 된다. 사진, 슬로건, 네이밍은 한 달 정도, UCC나 신문 광고처럼 제작 기간이 필요한 것은 한 달 반 정도면 충분하다. 대학생 공모전은 시기도 중요하다. 응모율을 높이고 싶으면 학기 초나 학기 말 시험기간은 피해야 한다. 가장 좋은 건 여름방학과 겨울방학이다. 바쁜 학기 중보다는 방학 기간이 스펙 쌓기에 가장 좋은 시기이기 때문이다.

간혹 UCC나 신문 광고의 응모율이 그리 높지 않아 기간을 연장하는 경우도 종종 있다. 그러면 각 사이트에 올린 날짜도 수정해야 하고 배너, 포스터도 수정해야 한다. 그런 사태를 피하기 위해선 미리 응모율을 높일 수 있도록 시기, 광고 방법 등을 고려해 계획하는 것이 좋다.

또 제출 규격도 응모 요강에 명확히 제시해야 심사할 때 혼란이 없다. 동영상 UCC 같은 경우 1분 이상 3분 이내, 90메가바이트 정도가 적당하며 파일형식도 AVI, WMA, MPEG 등으로 하는 것이 관례다. 사진도 용량, 해상도, 파일 형식 등을 명확히 해야 한다.

응모 요강에 꼭 들어가야 하는 것으로는 공모 내용, 참가 자격, 기간, 공모 방법, 공모 주제, 응모 부문, 제출 규격 등이다. 그리고 저작권 관련 문제도 꼭 짚어줘야 한다. UCC 공모전 같은 경우 광고를 패러디하거나 음원의 저작권 문제를 알아보지 않고 그냥 쓰는 경우가 있어 수상이 취소되는 사례가 있기 때문이다.

공모전 심사와 시상식

먼저 공모전 기획안을 짜서 공고를 내고 접수를 한 다음 기다리는 것은 심사와 시상식이다. 심사와 시상식 준비도 사실 담당자로서는 만만치 않다. 심사 위원은 3배수로 선정해서 기안하고 그중 전문 분야와 심사 시간 등을 고려해 심사 위원을 고른다. 보통 1차 심사는 내부에서 하고, 2차 심사는 외부 전문가들이 한다. 심사를 할 때는 공정성을 기하기 위해 엑셀표로 심사 즉시 결과가 나오게 하고, 심사 위원들의 사인을 받는 등 미리 챙겨야 할 것들이 많이 있다. 심사 수당 서류와 결재받을 때 첨부해야 하는 심사표도 잘 챙겨야 한다.

또 하나 조심할 것은 바로 응모자들의 민원이다. 필자가 진행에 관여했던 공모전에서 입상한 한 팀이 자신들의 실수로 친구 이름이 빠졌다며 그 친구 이름을 넣어달라고 공모전이 끝난 뒤에 사정하는 통에 난감했던 일도 있었다. 심사 결과를 결재받기 전이라면 모를까 이미 수상자 명단을 다 결재받아 상장까지 준비한 상황에서 이름을 넣는 것은 불가능했다. 이렇게 시민을 대상으로 하는 행사나 이벤트는 늘 민원을 조심해야 하고, 선을 넘는 요구에 대해서는 최대한 정중하게 이야기하고 설명해야 한다.

어떤 학생은 장려상을 받았는데 지방에 있어 올라오는 차비와 상금이 거의 비슷하다며 참석을 거부하는 사례도 있었다. 이런 경우에는 수상자의 의사를 존중해 상장을 우편으로 보내주는 것으로 마무리했다. 시상식도 수상자들을 대상으로 하는 작은 행사지만 기관장과 시민을 모시고 하는 행사인 만큼 민원의 여지가 없도록 깔끔하게 진행해야 한다. 상금은 결재 등 행정적인 과정이 필요해 당일에 주지 못하지만 봉투를 미리 준비해 현장에서 상장과 함께 빈 봉투라도 주는 센스가 필요하다. 상장도 대학생 공모전 같은 경우 팀으로 응모하는 경우가 많으므로 팀원 모두의 이름을 하나씩 넣어 자부심을 부여해주는 배려도 필요하다.

시상하는 기관의 장과 학생들의 환담 자리를 마련하는 것도 학생과 기관의 장 모두 좋아하는 센스다. 마지막으로 행사 후에는 사진을 꼭 챙기도록 한다. 사진을 챙겨 이메일로 학생들에게 보내준다면 좋은 기념이 될 것이다.

네이밍의 힘, 정책에 이름을 붙여라

이름이 있어야 사람들은 쉽게 기억하고 인상을 남긴다. 이것은 정책홍보에서도 마찬가지다. 우리나라 모든 도시에 수돗물이 있지만 가장 먼저 수돗물에 이름을 붙여 브랜드화한 것이 바로 서울의 아리수다. 그 결과 2014년 한국수돗물협회에서 진행한 「수돗물 시민인식도조사」에 따르면 우리나라 수돗물 브랜드 중 인지도가 79.6퍼센트로 거의 80퍼센트에 육박하는 것은 서울시 아리수뿐이다.

서울시는 2004년 2월 한글과 한자를 혼용한 아리수와 영문명 ARISU를 서울의 새 수돗물 이름으로 특허청에 등록했다. 이로써 다른 도시의 상수도와 차별화되고 한국을 대표하는 안전하고 건강한 수돗물 브랜드 아리수가 탄생했다. 아리수는 한강의 옛 이름에서 따온 것으로, 크다는 의미의 순우리말 '아리'와 물을 뜻하는 한자어 '수'가 결합해 만들어졌다. 이후 서울시는 2004년부터 서울시에서 생산하는 수돗물의 공식 명칭으로 아리수를 사용하고 있다. 시는 수돗물 음용률을 높이기 위해 아리수를 시민 고객에게 홍보했으며, 이러한 홍보를 통해 아리수가 서울시 수돗물임을 아는 시민이 80퍼센트에 이를 만큼 인지도가 높아졌다. 언젠가 물의 날 기념행사에서 각 지자체가 홍보 부스를 차렸는데 한 시민이 부산의 아리수는 어디 있냐고 물어서 박장대소한 적이 있다. 시민들의 인식에 '수돗물 = 아리수'라는 공식이 만들어진 것이다. 이렇게 아리수는 여타 지자체의 상수도와 차별화되고 한국을 대표하는 안전하고 건강한 수돗물 브랜드로 자리 잡았다. 아리수의 성공에 뒤이어 부산의 순수 등 다른 지자체에서도 수돗물에 이름을 붙여서 운영 중이다.

이 외에도 청계천에 있는 청혼의 벽은 2007년 서울 시민 시정 아이디어 수렴창구인 '천만상상 오아시스' 사이트에 제안된 시민 의견이 정책으로 반영된 것이다. 청혼의 벽은 프러포즈 장소로 명성이 나면서 시내의 명소로 떠올랐다. 또 서울시는 메타블로그에 숱(SOTT)이라는 인상적인 이름을 붙였고, 복지정책에 사각지대가 없다는 비전을 담아 '그물망 복지'라고 부르기도 했다. 그리고 저녁 7시부터 자정까지 이대, 신림역 등 청소년 밀집지역에서 거리를 배회하는 가출 청소년 등을 조기에 발견해 가정 복귀를 돕거나 유해 환경에 빠지지 않도록 지원하는 캠페인을 '거리 배회 청소년 아웃리치'로 이름 붙여 전개하기도 했다. 주부들을 위한 일자리

창출 프로그램은 '엄마가 신났다 프로젝트', 전문 상담사와 취업 설계사들이 버스를 타고 주부들이 많은 아파트 단지 등을 찾아가 직접 상담해주는 것은 '일자리 부르릉 서비스'라고 이름 붙였다. 무미건조한 '찾아가는 일자리 서비스'보다는 '일자리 부르릉 서비스'가 시민에게는 훨씬 친근하게 와 닿는다. 이렇게 네이밍은 정책의 성격이나 역사, 비전 등을 담으면서 캠페인이나 정책을 기억하고 인지하기 쉽게 해주는 효과가 있다.

값진 슬로건 하나 열 광고 안 부럽다

뉴욕은 'I♥NY' 서울은 'Hi~Seoul'이 슬로건이다. 슬로건은 브랜드나 기업의 비전, 특장점을 압축해 표현한 홍보 문구로 짧고 함축적인 것이 좋다. 그렇기에 더더욱 만들기 어렵다. 슬로건은 말하기 쉽고 듣기 쉽고 기억하기 쉬워야 한다. 그리고 브랜드 이미지와 비전 등을 담아야 한다. 애플의 'Think Differrent', 맥도날드의 'i'm lovin' it', 폭스바겐의 'Think small' 등이 대표적이다. 공공기관도 자신들이 하는 일을 시민에게 소개하고 비전을 제시하고 차별화하기 위해 슬로건을 활용한다.

우리나라 지자체도 각 도시별로 차별화하고 비전을 담기 위해 슬로건을 사용하기 시작했는데 그 시작은 바로 2002년에 등장한 'Hi~Seoul'이었다. 2006년에는 아시아의 영혼이라는 의미를 담은 'Soul of Asia'를 하이 서울의 서브 슬로건으로 정했는데 이후 각 도시의 슬로건 만들기가 붐을 이루었다. 부산은 활기차고 역동적으로 발전한다는 메시지를 담은 '다이내믹 부산(Dynamic Busan)', 행정중심복합도시로 건설된 세종시는 '세상을 이롭게, 세종'이라는 슬로건을 사용하고 있다.

대구는 다양한 매력을 지닌 도시라는 의미에서 '컬러풀 대구(Colorful Daegu)', 충청남도는 대한민국의 중심이라는 뜻에서 '충남, 하트 오브 코리아(ChungNam, Heart of Korea)'라는 슬로건을 만들었다. 충청북도는 '생명과 태양의 땅, 충북(Bio Vally & Solar Vally)', 전라남도는 '생명의 땅, 전남(Full of Life, Jeonnam)'으로 깨끗한 자연환경을 부각시키고 있으며 자연과 문화, 개발과 환경의 조화를 담았다.

전라북도는 '천년의 비상(We make history, Jeonbuk)', 경상남도는 'Bravo 경남'으로 천혜의 자연경관과 미래형 첨단산업이 조화를 이룬 경남의 매력과 역동성을 표현하고 있다. 제주도는 'Only 제주'로 우리나라를 대표하는 섬으로 자신감과 자부심을 담았다.

이 외에도 안양의 '에이플러스 안양(A+ Anyang)', 평택의 'New

Center of Economy(대한민국 신성장 경제신도시)', 군산의 '드림 허브(Dream Hub)'는 도시의 큰 꿈과 비전을 담은 슬로건이다.

특산물을 슬로건에 담은 도시들도 있다. 죽녹원, 대나무 테마파크 등 대나무 명소가 많은 담양의 슬로건은 '대숲맑은 생태도시 담양'이고, 녹차로 유명한 보성은 '녹차수도 보성'이다.

말맛 나게 재미있고 쉽게 만든 슬로건도 있다. '장수만세, 장수', '거창한 거창', '당찬 당진' 등이다. 보건복지부에서는 금연 캠페인의 슬로건을 'Say No! Say Yes! 소중한 삶을 위해 노라고 말하세요'로 정하고 TV 광고까지 제작해 화제를 모았다.

간혹 슬로건 제작을 쉽게 생각하는 사람이 있다. 한글이든 영문이든 짧게 만들다 보니 금방 만들 수 있을 거라고 생각하는 것이다. 하지만 분량이 짧고 누구나 쉽게 생각해서 더 어려운 것이 슬로건이다. 따라서 슬로건 제작은 꼭 전문가에게 맡길 것을 추천한다. 어설프게 내부 공모전이나 담당자의 머릿속에서 나온 슬로건은 없는 게 더 나을 수도 있다. 일단 그 기관의 장기 비전이나 정책 방향 등을 분석한 후 콘셉트를 잡아야 한다. 이 작업도 상당히 치밀하게 진행해야 그 기관에 맞는 슬로건이 나온다. 그 후 전문가에게 안을 몇 개 받은 후 시민 온라인 평가 등을 통해 선정하는 방식도 좋다.

공공기관에서 슬로건을 만들 때는 주의할 점이 있다. 일반 기업의 슬로건은 사전에 없는 말, 영어 문법에 어긋나는 구어체 말 등이 어느 정도 융통성 있게 통용될 수 있지만 공공기관 슬로건은 이런 여지를 두면 안 된다. 공공기관은 시민에게 모범을 보여야 하므로 한글 맞춤법, 영어 사용 등에 대해서도 냉정한 심판을 받는다.

예를 들어 일반 기업은 슬로건으로 '맛있는 기술'이란 말을 비유적으로 쓸 수 있지만 공공기관이 '맛있는 도시' 이런 말을 쓴다면 도시가 어떻게 맛있냐는 딴지가 들어올 수 있다. 실제로 비유적인 표현의 슬로건을 썼는데 한 시인이 주요 일간지에 기고한 글에서 앞뒤가 안 맞는 표현이라는 지적을 해서 곤혹스러웠던 적이 있었다. 따라서 아무리 좋은 슬로건이라도 이런 여지가 있다면 피하는 것이 좋다.

인사말의 달인이 되라!

홍보 담당자로 일하다 보면 여러 종류의 인사말을 쓸 기회가 많다. 기관장 취임사부터 홈페이지 인사말, 각종 행사 인사말, 언론사 ○○주년 축하 인사말, 시민 안내문, 트위터 140자 문구 등

등······. 글쓰기에 익숙하지 않은 사람은 어떻게 써야 할지 막막할 것이다. 여기서는 글 쓰는 것에 익숙하지 않아도 프로 같은 결과물을 낼 수 있는 방법에 대해 팁을 주려고 한다. 먼저 그 매체나 행사의 성격을 염두에 두어야 한다. 인터넷에 하는지, 시민 안내문인지, 준공식인지 개관식인지 청중은 누구인지를 알아야 한다.

그다음은 인사말을 통해 해야 할 핵심적인 콘텐츠를 정리한다. 보도자료도 그렇지만 모든 인사말은 초반 1분이 중요하다. 좋은 연설문과 그렇지 않은 연설문은 초반 1분에 판가름이 난다. 따라서 먼저 청중의 주의를 환기하고 사람들이 연설에 집중할 만한 것을 초반에 준비하는 것이 좋다. 연설자의 특이한 경험을 이야기하거나, 인용구를 소개하거나, 많이 알려진 관련 팩트를 이용해 풀거나, 그 자리에 온 참석자 중 한 사람을 언급해도 좋다.

특히 VIP 인사말에는 그 행사에 참석하는 주요 인사를 파악해 인사말 안에 참고사항으로 써넣는 것도 필수다. 그래야 VIP가 참석자에 대한 간단한 멘트라도 할 수 있다. 담당자는 행사 직전까지 주요 참석자 명단을 가지고 참석 여부를 체크해 VIP에게 알려주어야 한다. 아니면 장소와 연관된 이야기로 풀어가도 자연스럽다. 행사가 열리는 곳이 남산이라면 남산이 서울을 찾는 외국인에게 인지도 1위라든지, 을지로라면 을지로의 역사로 이야기를 풀면 맥락이 자연스럽다. 기관장 취임사라면 새로 이동한 기관과 기관장의 인연이나 연결 고리를 찾아 쓰는 것이 좋다.

본론에서는 핵심 메시지 키포인트를 정하고 관련 근거와 자료·사례, 비유법 등을 동원해 논리적으로 이야기하듯이 글을 쓴다. 요즘은 공공기관도 권위를 벗고 시민과 소통하는 것이 강조되는 시대다 보니 기관장의 인사말도 권위적이고 딱딱한 것보다는 부드럽고 친근한 분위기로 가는 편이다. '관 냄새'가 풍기는 너무 딱딱한 인사말은 시대에 뒤떨어진다는 인상을 준다.

기관장의 인사말은 홍보과의 실력을 어필할 수 있는 좋은 기회니 최선을 다해 쓰자. 공무원들은 문어체로 글을 쓰곤 하는데, 이런 연설문은 구어체로 써야 더욱 생동감 있고 귀에 쏙쏙 들어온다. 가장 대표적인 것이 바로 '하여야 합니다'인데, 이는 '해야 합니다'처럼 간결하게 쓰는 것이 좋다.

마무리는 핵심 콘텐츠를 다시 이야기하고 청중의 기억에 남을 만한 문구를 하나쯤 만드는 게 좋다. 인사말, 날씨 이야기는 간략히 해서 관심도 없는 잡다한 이야기로 논점이 흐려지지 않도록 한다. 또 시장이나 장관 등 기관장의 인사말은 큰 정책 방향이나 철학 등이 담겨야 한다. 개장식 등에서 하는 인사말도 그 개장식과 관련된 큰 정책적 프레임과 연결해 설명하는 것이 좋다.

정책 광고 어떻게 만들어야 할까

먼저 공공기관의 정책 광고는 일반 기업광고와는 다르다. 제작은 임의로 하면 되지만 매체 의뢰는 한국언론재단을 통해 진행하게 되어 있다. 이건 정부 광고 시행에 관한 국무총리 훈령으로 지정되어 있는 법적인 사항이다. 문화체육관광부 장관의 지정에 따라 정부의 예산 절감과 효과적인 정부 광고를 위해 정부 기관이나 공공 법인의 광고는 한국언론진흥재단과 협약을 맺어 진행해야 한다. 제작은 대행사나 기획사를 통해 자율적으로 진행하고 매체 의뢰를 언론재단을 통해서 하는 것이다.

관공서 광고는 일방적으로 메시지만 전달해서 딱딱하고 지루하다는 편견이 있었다. 하지만 소통과 참여의 시대인 지금은 그런 광고는 어울리지 않는다. 자칫 그 기관의 이미지까지 고루해질 수 있다. 광고의 분위기는 그래서 더 중요하다.

육아데이 광고를 예로 들면, 매월 6일은 육아데이란 것을 육아데이 이삼일 전에 무가지에 게재해 알리고, 육아데이가 특정 날이라는 것을 강조하기 위해 달력을 메인 아이디어로 했다. 가족들의 즐거운 모습을 담은 달력으로 육아데이를 상기시키는 데 적절했다는 평가를 받았다. 매월 돌아오는 육아데이를 계속 다른 포맷으

한국언론진흥재단 정부 광고 시행 체계도

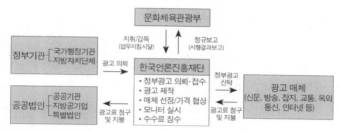

자료: 한국언론진흥재단 홈페이지.

로 하는 것보다는 달력 형식을 지킴으로써 아이덴티티를 만들었다. 그 결과 달력을 보기만 해도 육아데이 광고라는 것을 금방 알 수 있게 했다.

정책 광고 성공사례 ①: 스토리텔링으로 푼 한국관광공사의 대한민국 구석구석 캠페인

"당신이 처음 만나는 여기는 대한민국. 우리 땅에는 당신이 알고 있는 것보다 더 많은 특별함이 숨어 있습니다."

김C 내레이션: 대한민국 구석구석을 누비는 김C입니다. 혹시 백합탕이 결혼철에 인기 최고인 거 알고 계세요? 바로 부부금슬의 상징이기 때문이죠. 전 이번에 부안에 다시 가서 알았다니까요. 또 담양에선 죽순나물을

맛보며 우후죽순의 유래까지 알게 됐어요. 굳은 땅 밑에서 준비하고 있다가 비가 온 후에 일제히 세상 밖으로 출동하는 죽순의 힘! 대한민국 구석구석에 숨겨진 맛과 이야기 속으로 저 김C처럼 여러분도 떠나세요~!

_ 대한민국 구석구석 캠페인 라디오 광고

이는 한국관광공사의 대한민국 구석구석 캠페인 광고로 다시 봐도 참 잘 만든 공공기관 광고다. 이 광고는 저기가 정말 우리나라가 맞나 싶을 정도로 그동안 우리가 잘 몰랐던 대한민국의 아름다움을 깨닫게 해준다. 단순히 우리나라 여행을 가라는 게 아니라 스토리텔링으로 풀어 감성적이면서 자연스럽게 가고 싶은 마음이 생기게 한다. 이 광고는 감성적이고 이야기가 있는 접근으로 소비자는 물론 광고계의 인정을 받았다. 한국광고학회가 주관하는 2007년 올해의 광고상을 탔으며 2006년 대한민국광고대상과 2007년 소비자가 뽑은 좋은 광고상을 포함해 국내 주요 광고상을 휩쓸었다.

대한민국 구석구석 캠페인의 시작은 2006년으로 거슬러 올라간다. 국내 여행을 확산시키기 위해 시작된 '대한민국 구석구석' 광고가 대박을 치며 광고가 오히려 캠페인으로 확장된 특별한 케이스다. 그 후 '대한민국 구석구석'은 테마를 계속 업그레이드하며 지금까지 이어오고 있다. 너무 익숙해서 쉬워 보이지만 그래서 포장하기에는 더욱 어려운 것이 '대한민국 여행'이라는 테마다. 하지만 대한민국 구석구석 캠페인은 국내 여행을 활성화한다는 목표를 정하고 꾸준히 통일성 있게 유지하고 있는 장수 캠페인 중 하나다.

2006~2007년에는 '구석구석'이라는 본래 캠페인의 취지를 살려서 사람들에게 잘 알려지지 않은 숨은 여행지를 소개하는 것 위주였고, 이를 통해 국내 관광에 대한 인식 개선의 발판을 마련했다. 2008년에는 문학·영화 등 문화 콘텐츠를 통해 심리적인 보상을 주려고 감독 및 작가 등을 활용했다. 그 결과 영화나 문학작품에 등장한 장소를 소재로 국내 관광의 가치를 한층 끌어올린 성공적인 캠페인이 되었다.

국내 관광에 대한 인식과 가치를 새롭게 하는 이런 기초 작업을 바탕으로 2009년에는 여행을 통한 더욱 실질적인 혜택을 제안하고 구체적인 여행 동기를 부여하는 캠페인을 기획·집행했다. '가장 재미있는 교과서는 대한민국 구석구석입니다'라는 슬로건으로 아이들과 함께하는 교육적인 여행을 제시함으로써, 국내 관광을 바라보는 새로운 시각과 함께 '여행 가기'라는 직접적인 행동에 동기를 일으켰다는 점에서 고무적이다.

2010년에는 국내 여행의 가치를 더욱 많은 시민에게 어필하기 위해 여행의 가장 원초적이면서도 큰 즐거움인 '먹거리'를 소개했다. 단순한 먹거리가 아니라 스토리가 있는 먹거리를 만들었다. 강원도 정선의 올챙이국수, 경상북도 안동의 제삿밥, 경기도 김포의 연잎밥, 경기도 파주의 참게탕, 전라북도 부안의 백합탕, 전라남도 담양의 죽순나물, 충청남도 서천의 전어구이, 경상북도 안동의 헛제삿밥 등이다. 이때는 '다시 떠나세요~ 그것이 대한민국 구석구석 숨겨진 맛과 영양을 찾아드립니다'로 주목을 받았다.

TV 광고의 전개 방식을 보면 각각의 소재에 숨은 이야기를 모두 드러내는 것이 아니라, 소비자의 호기심을 이끌고 관심을 유도해 직접 찾아가 확인하도록 했다. '물어보세요', '발견해보세요' 등으로 소재와 사연의 관계를 구하는 형식의 내레이션을 쓰고, 계절을 고려해서 봄·여름 편과 가을 편을 시리즈로 제작했다. 또 각각의 사연은 온라인 '구석구석' 카페를 통해 확인할 수 있도록 연동해서 카페로의 트래픽도 자연스럽게 유도했다.

이뿐이 아니다. 2012년부터는 일반 관광객이 여행 중 촬영한 동영상을 '구석구석 Live' 앱을 통해 업로드하면 페이스북 내 자신의 팬들에게 실시간으로 공유되는 등 이 캠페인은 온라인까지 확장되었다. '구석구석 Live' 앱은 위치 기반 서비스(Location Based

System: LBS)에 기초를 둔 것으로, 동영상 촬영 후 실시간으로 개인의 페이스북과 '대한민국 구석구석 Live' 팬페이지에 여행 정보를 공유할 수 있는 국내 최초의 페이스북 동영상 업로드용 앱이다.

2015년에도 대한민국 구석구석 홈페이지는 추천 가볼 만한 곳, 네티즌 선정 베스트, 어디로 갈까, 여행이야기 등의 메뉴로 국내 여행정보 포털을 표방하며 운영되고 있다. 또 구석구석 블로그, 구석구석 트위터, 구석구석 페이스북 등 다양한 온라인 채널을 활용해 활발한 홍보를 펼치고 있다.

정책 광고 성공사례 ②: 공감대 + 도발로 여자를 울린 여행(女幸) 프로젝트

'여자를 울려라'라는 버스 광고나 '여행 주차장'이라는 푯말을 본 적이 있을 것이다. 이는 서울시가 추진하는 여성 정책인 '여행 프로젝트'다. 여행 프로젝트는 '여성이 행복한 서울 만들기 프로젝트'의 줄임말로 서울시가 2007년 7월 여성이 행복하면 모두가 행복하다는 기치 아래 만들었다. 여성의 시각과 경험을 바탕으로 기존의 여성과 가족 분야뿐만 아니라 교통, 주택, 문화 등 도시생활 전반에 걸쳐 정책을 기획해 입안 단계부터 여성의 시각을 반영해 추진하는 캠페인이다. 서울시는 이와 관련해 5개 분야(돌봄, 일

자리, 안전, 편리, 넉넉함)의 사업 90개를 지정해 여행 화장실, 여행 주차장, 여행길, 여행 콜택시(안심귀가서비스), 여행 공원, 여행 아파트, 서울형 어린이집, 엄마가 신났다, 초등학교 급식 도우미 등을 9대 대표사업으로 선정하고 집중 추진했다.

먼저 여성이 행복한 서울 프로젝트는 정책 내용 자체가 여성과 시민의 공감을 얻을 수밖에 없었다. 지자체 중 최초로 도시 정책의 기획 설계 단계부터 여성의 시각과 경험을 적극 반영해 여성들이 생활 속에서 느끼는 불안·불편 요소를 없애고, 여성이 살기 좋은 사회 문화 환경, 여성 친화적인 서울을 만드는 것이 목표였기 때문이다. 2010년까지 총 4개년 계획으로 장기적 관점에서 추진된 이 캠페인은 사회적 약자인 여성들에게 꼭 필요한 정책이란 점에서 시민들에게 크게 어필했다. 또 여성이 일상생활에서 체감할 수 있는 분야에서 다섯 가지 대표 사업을 정해 추진한 것도 좋은 반응을 이끌었다.

예를 들어 여행 콜택시는 시내에서 늦은 밤 택시를 이용하는 여성들을 위한 것이다. 여성 승객이 콜택시를 부를 때 여성 운전기사를 별도로 요청하면 GPS 시스템을 활용해 가장 가까운 곳에 있는 여성 운전기사의 차량을 배차하는 서비스다. 여행 주차장 사업을 통해서는 여성 운전자를 대상으로 한 범죄 예방을 위해 190개소에 여성 우선 주차장 1794면을 만들었다. 또 여행 화장실 사업은 서울시가 리모델링한 여성 화장실에 적용되어 여행 프로젝트 시설 가이드라인에 따라 여성과 노약자의 안전을 고려해 출입문에 CCTV를 추가로 설치하기로 했다.

여행 프로젝트는 캠페인 초반에 시민들에게 강하게 어필할 것을 목표로 '여자를 울려라'라는 도발적인 카피를 사용해 공격적이고 대대적인 광고를 펼쳤다. 이는 TV뿐만 아니라 버스, 가판 광고 등 다양한 오프라인 매체를 통해 추진되었다. 그동안 정책 광고가 진부하거나 교육적이어서 또는 평범해서 눈에 띄지 않는 게 다수였다면, 이 여자를 울려라 광고는 말 그대로 도발이었다. '여자를 울려라' 카피와 눈물 한 방울의 비주얼만으로 시민에게 호기심을 불러일으켰다. 서브카피에는 '여자가 행복하면 모두가 행복하다'는 내용을 담아 여행 프로젝트의 정신을 잘 정리해 보여주었다.

더불어 네이버와 함께 대대적인 홍보를 벌여 여행 프로젝트가 어떤 것인지를 명확하게 각인시키고 진행했기 때문에 여자의 관점에서 본 서울시의 정책 방향이라는 메시지를 전달하는 데 성공했다. 그 결과 서울시 민원 행정 서비스에서 여성 분야 만족도가 14.5퍼센트에서 28.4퍼센트로 크게 높아졌다. 외국의 반응도 좋았다. 2009년 3월 제53차 유엔여성지위위원회에서 여성이 정책

결정 과정에 참여할 수 있는 좋은 정책이라며 호평을 받았다. 이
에 앞서 2008년 7월 스페인 마드리드에서 열린 세계여성학대회
포럼에서도 여행 프로젝트가 소개되었다. 또 2010년 유엔 공공행
정 대상을 받기도 했다.

노래(송, song)로 만들면 귀에 쏙!

2005년 TV에 나온 '당신은 누구십니까', '나는 홍길동~' 하던 노
래를 기억하는가. 바로 인구주택총조사 광고인 '당신은 누구십니
까' 편이다. 이 광고는 조사를 하는 목적에 맞게 노래를 잘 활용했
다. 축구선수 차두리가 한 광고에서 '피로는 간 때문이야, 간 때문
이야'라며 노래를 부르자 해당 제품의 매출이 200억대에서 360억
대로 급상승하는 기록을 세웠다고 한다. 이렇게 귀에 익숙한 노래
를 개사하거나 새로운 노래를 제작해 광고를 만들면 효과가 매우
크다. 대행사에서 근무할 때도 '호호호호~삼립호빵' 노래를 리바
이벌해 '김용만의 호빵송' 라디오 광고를 만들고, 조형기의 코믹
노래를 활용해 라디오 광고를 만들었는데 그 전 광고에 비해 매출
신장 효과가 매우 컸다.
　특히 요즘에는 노래를 활용해 뮤직비디오 형식의 동영상을 만

들면 광고뿐만 아니라 유튜브, 다음 TV 팟, 홈페이지, 각종 행사에 배경음악으로 쓰이는 등 활용 폭이 넓다. 또 정책홍보에서 노래를 활용하면 공공기관이라는 거리감, 권위감 등을 줄이고 친밀감을 높일 수 있어 더 효과적이다.

이렇게 효과가 좋은 광고 노래는 어떻게 만들어야 할까. 일단 개사하려는 노래는 시민들의 귀에 익숙할수록 좋다. 그리고 원곡의 가사 내용이 홍보하려는 정책과 조금이라도 연관이 있으면 금상첨화다. 앞에서 예로 든 인구주택총조사에 쓰인 '당신은 누구십니까' 가사처럼 말이다.

가사의 연관성이 필요한 것은 원곡을 개사할 때 음만 같다고 해서 그 노래의 느낌을 주는 것은 아니기 때문이다. 음만 같게 하고 가사를 다 바꾸면 원곡의 느낌이 아예 사라진다. 원곡의 친근감을 이용하기 위해 노래를 쓰는 건데 이렇게 되면 노래를 만들 이유가 없어진다. 개사를 해도 원곡의 느낌이 남아 있는 노래가 좋다. 따라서 개사를 하더라도 원곡 가사를 대폭 바꾸는 것이 아니라 부분적으로만 바꿔야 한다.

팝송 「키스 미 달링(Kiss Me Darling)」을 개사해 만든 박유천의 기스면 CM송이 대표적인 사례다. '기스면 달링~ 기스면 기스면 투나잇~'으로 키스 미를 기스면으로 바꾸고 나머지 가사는 원곡을 그대로 썼기에 원곡의 느낌이 살아 있고 귀에 쏙 들어온다. 광고를 만들어야 한다면 유명 모델이나 CG 등을 생각하기보다 일단 노래를 한번 고민해보라. 원곡 가사와 연관성이 있다면 비용 대비 효과가 탁월할 것이다.

PPL 등 방송 협찬, 가치가 있나?

홍보과에 근무하다 보면 가끔 전화가 온다. 대행사에서 걸려오는 방송 협찬 제의로, 대부분 큰 액수다. 관련 정책이 핫이슈로 떠올라 방송사에서 먼저 기획 방송을 제의하는 경우에는 물론 협찬비를 내지 않아도 된다. 그런데 이런 행운은 정말 몇 년에 한 번 올까 말까 하다. 대부분은 방송 협찬 형식으로 대행사를 끼고 진행하거나 직접 방송국과 연락해 추진한다. 그런데 문제는 방송 광고만큼 비싸다는 것이다. 물론 광고보다는 관련 콘텐츠를 더 많이 낼 수 있어 효과적이지만 예산이 빠듯한 공공기관으로선 여간 부담되는 것이 아니다. 그리고 이게 효과적인지도 사실 의문이다. 방송이 됐다고 해서 그 효과가 수치로 나오는 것은 아니니 효과를 실감하기 어렵다.

그런데 필자가 방송의 놀라운 위력을 피부로 실감한 적이 있었다. 유니세프와 함께 아프리카 어린이 돕기 온라인 캠페인을 진행하는 중이었다. 이 캠페인은 네티즌이 캠페인 페이지에 들어와 물한 방울을 클릭하면 500원이 적립되고 이 적립금으로 아프리카 어린이를 돕는 것이었다.

어떻게 하면 적은 예산으로 이 캠페인을 많은 사람에게 알릴 수 있을까 고민하고 있었다. 그러던 차에 아이디어를 낸 것이 정찬우, 김태균이 진행하는 〈두시탈출 컬투쇼〉에 출연하자였다. 이 프로그램은 두 MC가 사연 중 재미있는 것을 골라 소개하는 인기 프로그램이다. 다행히 아리수의 사연이 채택되었고 담당 주무관이 직접 방송에 출연해 캠페인을 소개하고 사이트를 홍보했다.

이 캠페인 내용이 라디오 방송에 나가자 방송이 된 당일에만 캠페인 참여자 및 댓글 수가 1055건에 이르렀다. 방송이 나가기 전에는 한 달간 댓글 수가 6048건이었는데, 한 달 치 댓글의 1/6에 해당하는 댓글이 방송 당일 하루 만에 달린 것이다. 비록 라디오지만 방송의 위력을 새삼 실감할 수 있었다.

반면 TV 프로그램을 활용할 때 가장 효과적인 것은 장소 마케팅이다. 남산 사랑의 열쇠가 뜬 것도, 인천 차이나타운에 다시 사람들 발길이 몰리는 것도, 전주 한옥마을이 명성을 찾은 것도 바로 방송에서 이 장소들이 배경으로 쓰였기 때문이다.

필자도 좋아하는 TV 프로그램인 〈무한도전〉에 차이나타운이 나온 것을 보고 직접 찾아가 자장면을 먹고 온 적이 있다. 특히 요즘 리얼 예능이 대세가 되면서 그 예능을 찍는 공간에 대한 관심이 더욱 커졌다. 대표적인 것이 〈1박 2일〉, 〈무한도전〉, 〈런닝맨〉 등이다. 특정 장소를 찾아가 체험하는 주인공들을 보며 공감하고, '저기가 어떨까? 나도 가보고 싶다, 체험하고 싶다'로 이어지는 것이다.

TV 방송 협찬을 통해 성공한 대표적인 사례가 바로 이천 도자기 축제다. 4월 말에서 5월 중순까지 매년 개최되는 이천 도자기 축제를 활성화하려면 다른 지역의 축제들과 차별화할 그 무언가가 필요했다. 이천 도자기 축제는 인지도는 높지만 이천이라는 지역적 한계 때문에 미디어와 방문객의 참여도가 낮았다. 이를 타개할 획기적인 방안이 필요했다.

이에 이천시는 가족, 연인, 친구와 함께하는 놀이 문화 공간의 이미지를 만들기 위해 MBC 〈우리 결혼했어요〉와 SBS 〈골드미스가 간다〉라는 인기 프로그램의 주요 촬영지로 도자기 축제를 협찬했다. 이색 문화 공간으로 노출을 시도했고, 이는 성공적인 결과로 이어졌다. 2009년 각 방송과 주요 일간지의 온라인 매체에 200건이 넘는 기사가 나왔고, 이천 도자기 축제는 국내의 대표적인 전통 문화 축제로 자리를 잡게 되었다. 서울시가 드라마 〈아이리스〉에 가든파이브와 광화문 광장을 협찬하고 새로 개관한 시민청을 알리기 위해 〈런닝맨〉에 장소를 제공한 것도 모두 이런 맥락이었다.

예산이 부족하다? 비예산 매체를 찾아라!

홍보에는 어느 정도 돈이 필요하다. 어떤 면에서 보면 홍보 효과는 들인 돈에 비례한다는 것을 부인하기 힘들다. 가장 좋은 매체는 TV, 라디오임을 누구나 알지만 이들은 매체비가 비싸다. 또 CF 제작을 별도로 해야 한다. CF 제작만 해도 흔히 말하는 때깔 좋은 비주얼을 뽑아내려면 CG는 기본이다. 이 CG도 들이는 돈에 따라 품질이 천차만별이다. 사람들이 요새는 워낙 고품질의 영상에 익숙해 있다 보니 어설프게 CG를 해서는 안 하느니만 못하다는 소리를 듣는다. 그만큼 영상물에 대한 시민의 눈높이가 높아져 있다. 이렇다 보니 예산이 부족한 공공기관 홍보 담당자로서는 돈이 없어서 홍보하기 어렵다는 말을 하기 쉽다.

하지만 비예산 홍보 매체가 생각보다 많다는 것을 아는가? 먼저 각종 소식지는 매체비가 없다. 또 서울시는 전광판, 지하철 광고, 무가지 지면 등 시에서 확보한 매체가 있다. '이런 거 한다고 홍보가 되겠어?'라고 생각할 수도 있지만 내용만 알차다면 선정이 잘되고 활용하기 좋다. 또 라디오도 의외로 공공기관의 이야기를 잘 실어준다. 한번 용기를 내서 사연을 보내보라. 공식적인 루트를 통해 기획 방송이라고 접근할 때는 TV나 라디오 CM만큼이나 비용이 들지만, 이렇게 다른 방식으로 접근하면 비용을 들이지 않고도 길이 보인다. 또 이처럼 비예산 매체를 활용해 홍보를 하면 '능력자'라는 소리도 들을 수 있다.

각종 이메일 소식지, 효과 있나?

각종 기관에서 정기적으로 오는 이메일 소식지가 있다. 이들은 이메일을 통해 대량 발송하므로 매체비는 안 들지만 소재를 모으고 기사를 쓰고 디자인을 하는 등 제작에만 매달 일주일씩 걸린다. 그렇다면 이러한 소식지는 과연 효과가 있을까? 대답은 분명히 '있다'. 기관의 소식지를 보낸 후 메일을 열어보는 사람은 10퍼센트 내외다. 열에 아홉은 보지 않는다는 말이다.

그런데 바꾸어 생각해보면 매체비도 공짜인데 100명 중 10명이 소식지를 열어보고 그 내용을 읽어본다는 게 아닌가. 그것뿐만

이 아니다. 입장을 바꾸어 생각해보라. 어떤 기관에서 매달 꾸준히 메일을 보내는 것만으로도 '아, 이 기관에서는 시민을 위해 열심히 일하고 있구나', '여기는 체계적이고 조직화되어 있고 부지런하구나' 이런 이미지를 줄 수 있다. 열어보고 안 열어보고는 차후 문제다.

한때는 PCRM(Public Customer Relationship Management, 일명 정책고객서비스)이라고 해서 정부나 공공기관이 시민을 고객으로 생각해 고객 만족도를 높이고 서비스 비용을 절감하기 위해 정책 중심에서 고객 중심으로 행정 서비스를 전환하는 경영 혁신 전략이 유행했다. 당시 거의 전 부처에서 PCRM을 제작하고 정책 고객에게 발송했다. 그때도 담당자들은 회의적이었다. '이걸 누가 열어본다고 이 고생해서 만드나…….' 하지만 꾸준히 소식지를 보내는 기관은 '한결같이 의욕적으로 일하는 기관'이라는 이미지를 준다는 점에서 이를 제작하는 의미가 있다.

하지만 담당자로서 좀 더 많은 시민이 소식지를 열어 보게 하고 싶다면 제목을 호기심이 일거나 재미있게 써서 클릭하게 만들어야 한다. 'ㅇㅇ 소식지' 이렇게 무미건조하게 보내기보다는 해당호의 주요 내용 중 하나를 제목으로 올려 메일을 보내는 것이다. 예를 들어 '물에도 유통기한이 있을까?', '겨울방학 이색 체험! 어디가 좋을까?', '요즘 볼 만한 영화 뭐가 있을까' 이런 식으로 말이다. 포털에 쏟아지는 뉴스 제목들을 보면 힌트를 얻을 수 있다. 수많은 헤드라인 중에서 내가 클릭하고 싶은 제목은 어떤 것인지를 연구해보자. 그리고 해당 내용과 관련되는 것을 그 헤드라인에 적용하다 보면 어떻게 써야 사람들이 많이 읽을지 감이 온다. '소식지를 왜 만드나, 이게 무슨 의미가 있는가'를 고민할 시간에 어떻게 하면 사람들이 더 많이 클릭할까를 고민하는 것이 훨씬 발전적인 일이다.

Chapter 3

여전히 어려운
'언론홍보'

언론은 가장 기본, 그러나 어렵다

정책홍보의 기본은 언론이다. 광고도 중요하지만 국민은 언론에서 정책 정보를 제일 많이 얻는다. 언론은 돈이 들지 않으면서 가장 영향력 있게 정책을 전달할 수 있는 창구다. 따라서 언론은 정책홍보의 가장 기본이라고 할 수 있다.

기자들도 정책을 소재로 기사를 쓸 준비가 늘 되어 있다. 정책은 우리 생활에 많은 영향을 끼치고, 이해관계가 얽힌 국민들에게 큰 관심을 받는 '기삿거리'가 되기 때문이다. 하지만 아무리 중요한 사안이라도 보도자료가 부실하면 기자들이 취재를 하지 않는다. 생각해보라. 기자들에게 하루에 쏟아지는 보도자료는 수십 건이다. 보도자료의 핵심은 사실이다. 따라서 정책, 제품, 브랜드도 객관적인 사실에 입각해 보도자료를 써야 한다. 기자는 기다려주지 않는다. 또 보도자료도 글이기 때문에 기본적으론 글을 잘 쓰는 게 중요하다. 사실 중심의 딱딱한 서술보다 스토리를 엮어 이야기를 풀어가는 편이 보도자료의 가치를 훨씬 높여줄 수 있다.

일반적으로 시민들은 CF, 광고 등 직접적인 광고보다는 신문사와 같은 공신력 있는 기관을 신뢰한다. 하지만 광고는 이 정책이 왜 필요한지 누가 혜택을 받는지를 직접 이야기할 수 있지만 언론은 언론사의 프레이밍을 한 번 거치기 때문에 내가 원하는 방향으로 보도되도록 만들기가 상대적으로 쉽지 않다. 반면 공신력 높은 언론을 매개체로 하므로 신뢰성을 얻을 수 있다는 장점이 있다. 또 광고보다는 저렴한 보도자료를 기사화함으로써 비용 대비 효과가 크다.

언론에 대해 꼭 알아야 할 것

연합뉴스와 뉴시스가 다른 언론사와 어떤 차이가 있는지 아는 것은 기본 중의 기본이다. 연합뉴스와 뉴시스는 한마디로 언론사를 대상으로 뉴스를 파는 통신사다. 즉, 다른 언론사들이 일반 대중을 대상으로 기사를 낸다면 연합뉴스, 뉴시스는 언론사를 소비자로 해 신문사들이 놓친 기사나 사진 등을 판다.

두 통신사의 차이점은 연합뉴스는 우리나라에서 독점으로 정부 지원을 받으며 운영되는 회사이고, 뉴시스는 국내 유일의 민영 통신사라는 점이다. 따라서 언론홍보 담당자들은 연합뉴스나 뉴시스에서 기사를 어떻게 쓰는지 주의를 기울여 모니터해야 한다. 통신사가 어떻게 기사를 쓰느냐에 따라 다른 언론사들이 영향을 받기 때문이다.

보도자료를 작성해 기자들에게 보낸다고 모두 보도가 되는 것은 아니다. 따라서 기자들의 습성을 잘 알아야 한다. 기본적으로 기자는 사건을 문제의식에 기초해 바라보며 특종에 모든 것을 걸고 늘 마감 시간에 쫓긴다.

언론홍보를 할 때는 언론에 보도하기 위한 보도자료를 작성하는 것과 이를 제공하는 뉴스 릴리스, 커뮤니케이션을 하는 사안이 매우 중요하다. 그리고 효과를 극대화하기 위해 매체 기자를 초청하는 기자 설명회, 중요한 이슈를 관련 책임자가 직접 설명하는 인터뷰, 정부 기관이나 공기업 등이 평상시에 언론과 관계를 구축하는 언론 관리 등이 있다. 특히 언론 관리는 정부 기관, 공기업 등에게는 더욱 절실하다. PR을 우스갯소리로 '피'할 것은 '피'하고 '알'릴 것을 '알'린다고 해석하기도 하는데, 정부 기관은 일단 피하는 것에 치중하고 있다.

인터넷이 언론을 바꾸고 있다

홍보 담당자라면 지금 언론계의 변화를 잘 주시해야 한다. 가장 큰 변화는 인터넷이 발달하고 포털을 통해 뉴스를 보는 사람이 늘면서 메이저 언론사와 마이너 언론사의 경계가 허물어지고 있다는 점이다. 한국언론진흥재단이 발표한 「2014년 언론 수용자 의식조사」에 따르면 방송의 영향력이 제일 크고(87.1퍼센트), 그다음으로 인터넷 뉴스(67.1퍼센트)를 보는 시민이 많았다. 여전히 텔레비전 뉴스의 영향력이 제일 크긴 하지만 텔레비전 뉴스 이용률은 2012년부터 점점 하락해 2013년에는 98.8퍼센트, 2014년에는 84.7퍼센트로 낮아졌다. 종이신문도 마찬가지다. 종이신문의 열독률은 2002년부터 지속적으로 하락하고 있으며 2008년 58.5퍼센트, 2011년 44.6퍼센트, 2013년 33.8퍼센트에서 2014년에는 30.7퍼센트로 떨어졌다.

반면 유무선 인터넷을 통한 신문 기사 열독률은 78퍼센트로 나타났으며 2030세대의 경우 95퍼센트에 육박했다. 특히 모바일 기기를 이용해서 뉴스를 보는 시민이 눈에 띄게 증가했는데 2013년 55.3퍼센트에서 59.6퍼센트로 늘었다. 2011년에는 19.5퍼센트였는데 3년 만에 3배가 급증한 것이다. 반면 유선 인터넷 뉴스 이용률은 47.7퍼센트로 2013년에 비해 3퍼센트포인트 감소했다. 즉, 모바일을 통해 인터넷 뉴스를 보는 것이 대세가 되었다.

인터넷 뉴스 이용률을 채널별로 살펴보면 포털 뉴스의 이용률이 눈에 띤다. 포털 뉴스는 2011년부터 2014년까지 지속적으로 상승했다. 인터넷 뉴스를 어떤 방법으로 읽었는지에 대해서는 '포털 사이트의 뉴스 제목을 보고 클릭해서'란 답변이 88.5퍼센트로 가장 많았다. 다음으로 '실시간 검색 순위에 오른 인물이나 사건을 찾아서' 75.3퍼센트, '필요한 정보를 검색하다' 57.6퍼센트, '보고 싶은 기사를 검색 창에 입력해 찾아서'가 49.7퍼센트 순이었다. 포털 사이트가 인터넷 뉴스를 이용하는 데 주요 수단이 되고 있는 것이다.

이는 작은 인터넷 신문에서 나온 비판 보도도 네이버 헤드라인 뉴스로 뜨면 그 파급력은 일간지 못지않음을 뜻한다. 즉, 아무리 작은 언론사 뉴스라도 포털 메인에 뜨면 그 파급력은 일파만파가 될 수 있다. 예전엔 신문이나 방송의 영향력을 기준으로 인지도가 떨어지는 매체를 소홀히 하는 경우가 종종 있었다. 그러나 이젠 그래서는 안 된다. 포털 사이트 메인 뉴스로 떠서 언제 얼마만큼 퍼져나갈지 장담할 수 없기 때문이다.

아, 그놈의 보도자료

보도자료는 정부나 공공기관, 기업 등에서 언론기관에 어떤 사건이나 정책, 행사를 보도하기 위해 만든 자료 또는 정부 기관에서 어떤 행사가 있을 때 그것에 관한 정보를 사전에 언론에 배포하는 자료, 기업체에서 PR을 위해 주요 행사나 상품, 실적 등을 담은 보도용 자료를 말한다. 이 보도자료는 언론홍보의 전부라 해도 과언이 아닐 정도로 매우 중요하다. 대부분의 뉴스는 각 기관과 기업에서 뿌린 보도자료를 토대로 나오기 때문이다.

보도자료는 형태에 따라 스트레이트 뉴스, 기획기사, 인터뷰, 사진기사, 칼럼·기고문, 애드버토리얼(advertorial) 등으로 나눌 수 있다. 스트레이트 뉴스는 가장 보편적인 것으로 보도자료 그대로 기사화하는 경우다. 기획기사는 특정한 목적을 가지고 특정 정책이나 상품을 미리 기획해 기사로 내보내는 것이며, 인터뷰는 기자의 요청을 받아 특정 정책이나 행사 등에 대해 기자의 질문에 특정인이 설명하는 것이다. 사진기사는 사진만으로 보도자료를 내는 것으로, 예를 들어 행사 관련 보도자료를 사전에 배포했다면 행사가 끝난 사후에 관련 사진자료를 다시 배포하는 식이다. 칼럼이나 기고는 기관장 등이 특정 정책이나 이슈에 대한 입장을 쓰는 것이고, 애드버토리얼은 기사체 광고다.

그런데 보도자료라고 하면 경기를 일으키는 공무원도 있다. 자기 할 일만 하면 그뿐, 보도자료를 쓰는 번거로운 일은 하고 싶지 않은 것이다. 또 보도자료를 낸 후 기자들에게 시달리는 것도, 윗분들에게 불려다니는 것도 귀찮고 싫다. 이런 공무원이 생각보다 많다. 그런데 시민의 세금으로 일을 하는 공무원은 업무 대부분이 시민의 생활과 밀접한 관련이 있다. 따라서 자신이 하는 일을 시민에게 정확히 알릴 의무와 책임이 있다. 또 내가 한 일이 여기저기서 기사화되고 시민의 생활을 바꾼다고 느낄 때 얻는 희열은 공무원으로서 느낄 수 있는 최고의 보람과 가치가 아닐까 한다.

기자들은 어떤 뉴스를 좋아하나

언론사를 대상으로 뉴스를 파는 연합뉴스의 경우 하루 기사 게재량은 1200개이고, 메이저 신문사들의 기사량은 300개 정도다. 메이저 신문사들의 기사는 보도자료를 통해 알려진 기사들이기 때문에 대개 연합뉴스의 것과 중복된다. 하지만 논조나 시각이 다르므로 독자가 신문을 읽고 차별성을 얻는 것이다. 요즘 지하철 등에서 무료로 나눠주는 무가지의 경우 기사 80개가 게재된다. 연합뉴스를 보고 취사선택한 것이 대부분이다.

반면 방송 메인 뉴스의 꼭지는 기껏해야 30개다. 그만큼 방송 뉴스는 신중한 취사선택을 거친다. 이러한 치열한 취사선택 과정에서 기사의 조건 등을 잘 파악하고 그에 따라 보도자료를 작성하면 기사화할 수 있다.

보도가 잘되는 보도자료를 쓰기 위해서는 기자에 대해 잘 알아야 한다. 기자의 하루를 살펴보자. 중앙일간지 K 기자는 보통 9시경 자신의 담당 출입처나 신문사로 출근한다. 공공기관은 대부분 기자실과 브리핑룸이 따로 있고 기자마다 자신의 자리가 있다. 출근해서 여러 신문에 나온 기사를 먼저 살펴본다.

그 후 그 날의 취재 일정을 확인하고 취재 현장을 방문하거나 전화 취재로 오전을 보낸다. 점심은 거의 취재의 연장선상에서 보내고, 점심을 먹은 뒤 그 날 취재한 내용을 바탕으로 작성할 기사에 대해 데스크(부장)에게 보고하고 협의한다. 마감 시간(조간의 경우 통상 오후 3~4시)까지는 정신없이 기사를 송고한다. 기자들은 기사를 송고한 후에도 다음 날 취재거리를 찾는 데 시간을 보낸다. 따라서 기자는 오후 3~5시 사이가 가장 바쁘다. 보도자료를 보내려면 아침 일찍 또는 오후 5시 이후가 좋다.

반면 석간 기자는 오전 10시 전후에 기사 마감이 되기 때문에 출근 시간이 빨라 오전 6~7시 사이에 신문사나 출입처에 출근한다. 이른 출근에 대한 부담 때문에 석간 기자들은 저녁 술 모임도 자제하는 편이다.

기자들이 가장 예민한 때는 바로 마감 시간이다. 마감 시간은 언론사마다 조금씩 다르지만 이때는 기자에게 전화하는 것을 피해야 한다. 기자는 하루도 빠짐없이 기사를 만들어내야 하는 피곤한 직업이다.

기자 입장에서 생각해보자. 당신이 기자라면 어떤 기사를 좋아하겠는가? '거리'가 되는 기사, 정말 '뉴'한 새롭고 신선한 기사, 재미있는 기사를 먼저 쓰고 싶을 것이다. 보도자료의 기본은 바로 팩트의 가치다. 뭐니 뭐니 해도 팩트가 가장 중요하다. 그 팩트가 뉴스로서 가치가 높다면 대충 써도 보도는 잘 된다. 예를 들면 부동산 정책, 세금 인상 등 시민 생활과 연관성이 높다든가, 구제역이나 조류독감 등 국가적인 사건·사고 같은 것 말이다.

하지만 이렇게 뉴스 가치가 높은 것은 드물고 대부분 고만고만한 팩트들이 많다. 이런 것들은 담당자의 역량에 따라 충분히 보도율을 높일 수도 있고 사장될 수도 있다. 기자가 하루에도 셀 수 없이 쏟아지는 그 많은 보도자료를 일일이 읽기란 사실상 불가능하다. 보도자료를 잘 써야 하는 이유가 여기에 또 있다. 읽히지 않는 보도자료, 난해한 보도자료, 사진 한 장 없는 보도자료는 사장되기 십상이다.

그럼 기사되는 보도자료, 기자들이 좋아하는 보도자료를 쓰려면 어떻게 해야 할까? 첫째, 헤드라인이 가장 중요하다. 둘째, 진정성이 있어야 한다. 셋째, 스토리를 담아야 한다. 넷째, 보도자료에 담긴 내용을 완벽히 이해하고 써야 한다. 또한 기사의 생명은 사실이다. 따라서 정책을 설명하는 보도자료를 낼 때는 입안 과정, 정책 내용, 혜택 등을 객관적인 사실에 입각해 써야 한다. 아울러 핵심 키워드로 간략하게 내용을 정리해야 한다. 또 보도자료에는 반드시 담당 기관, 담당 부서, 담당 과장, 담당자의 핸드폰 번호를 넣어야 한다. 이것은 기본 중에 기본이다. 기자가 번거롭게 담당자가 누구인지를 기관에 전화해 찾아야 한다면 기사화되는 데서는 한발 멀어진다고 생각해야 한다.

보도자료는 헤드라인이 가장 중요하다

매일 쏟아지는 보도자료 중에서 기자가 이것을 기사화할 것인지 말 것인지를 결정하는 첫 번째 기준은 바로 헤드라인이다. 헤드라인은 보도자료에서 가장 중요하다. 헤드라인이 기자의 이목을 끌지 못하면 이 보도자료는 기사화되기 어렵다. 이는 독자인 시민들도 마찬가지다. 시민들도 그 기사를 읽느냐 마느냐를 제목으로 결정한다. 특히 인터넷으로 뉴스를 보는 사람이 기하급수적으로 증가하면서 헤드라인의 중요성은 더욱 높아졌다. 클릭을 하느냐 마느냐의 기준이 바로 헤드라인이기 때문이다. 따라서 헤드라인만 봐도 내용을 알 수 있도록 그 안에 핵심 메시지를 담아야 한다. 필자는 기획홍보 담당으로 일하며 공무원들이 쓰는 보도자료를 수정하는 데 많은 시간을 보냈다. 특히 보도자료를 무서워(?)하는 공무원들 덕분에 머리 아픈 일도 무척 많았다.

같은 뉴스라도 어떻게 포장하고 어떤 측면에 포커스를 맞춰 보도자료를 쓰느냐에 따라 보도가 잘 되기도 하고 안 되기도 한다. 그만큼 홍보 담당자의 역량이 중요하다. 예를 들어 서울시 아리수가 스마트폰 전용 모바일 아리수 홈페이지를 만들었다고 하자. 헤드라인을 '모바일 아리수 앱 홈페이지 개통' 이렇게 단순한 사실만 고지한다면 기사화되기 힘들 것이다. 시각을 바꾸어 전국 지자체 상수도 중 서울시 아리수가 가장 먼저 모바일 홈페이지를 개통했다는 사실에 포커스를 맞춰 '전국 상수도 최초, 서울시 아리수 모바일 홈페이지 개통'이라고 한다면 뉴스 가치는 좀 달라진다. 바로 이런 것이 같은 팩트라도 기사화되기 쉽게 보도자료를 쓰는 것이다. 이를 위해선 홍보 담당자가 그 팩트에 대해 공부를 많이 해야 하며 내용을 꿰뚫고 있어야 한다.

특히 공공기관 업무 중에는 건설이나 예산, 기술적인 파트 등 전문적인 분야의 보도자료가 있다. 이럴 때 피상적인 내용만 알고 자세한 내용은 몰라서 기자가 문의를 하는데 허둥대거나 대답을 못 한다면 이미 홍보 담당자로서 자격이 없는 것이다. 또 사회적 트렌드나 분위기도 잘 읽어야 한다. 웰빙이 한참 화두가 되는 시대라면 같은 '물'에 관한 기사라도 건강 쪽에 포커스를 맞추는 편이 기사화되기 좋고, 사람들의 이목을 집중시키기 쉽다.

그렇다면 헤드라인은 어떻게 써야 할까? 기본적으로는 문장이 성립되어야 하지만 주어의 주격조사와 연결 어휘는 생략해서 쓰고 움직임을 표현해야 좋은 헤드라인이다. 또 기사 내용을 압축, 요약해 보여주고 주체가 있어야 한다. 정보를 담고 시사성이 있다면 더욱 주목을 끌 수 있다. 단순하고 짧을수록 인상이 강하게 남으므로 길이는 한 줄이 가장 적당하다. 좋은 헤드라인은 그대로 기사 제목으로 쓰이는 헤드라인이다. 따라서 자신이 기자라고 생각하고 써야 한다.

헤드라인을 쓸 때 시민 입장에서 또는 이 자료를 처음 보는 사람 입장에서 쓰라는 말을 자주 했다. 담당자는 늘 하던 일이라 어렵지 않지만 처음 보는 시민 입장에서는 어려운 내용일 수 있기 때문이다. 그동안 헤드라인을 고친 실례를 들면 다음과 같다.

▶ 언론은 숫자를 좋아한다. 헤드라인에 수치를 담아라.

(원본) 국민의 절반이 OOO 사용한다

→ 국민의 52% OOO 사용한다

▶ 최초, 최대 등 희소성을 좋아한다.

(원본) 오염 사고 피해 시 보상해주는 보험 실시

→ 전국 최초 오염 사고 보험 가입

▶ 행사, 캠페인 등의 보도자료는 구체적인 내용을 담되 너무 뻔하지 않게 쓴다.

(원본) 평가위원회 심포지엄 개최

→ OOO vs OOO 비교 심포지엄 열린다

▶ 연초 업무 계획 보도자료처럼 내용이 많은 경우 하나를 강조하라.

(원본) 서울시, OOO 높이기 대책 발표

→ 각 가정 인프라 개선으로 OOO 높이기 나서

▶ 언론은 경제 효과에 민감하다.

(원본) 10년 동결돼 있던 OOO 요금 인상

→ 내년 3월부터 OOO 요금 9.6% 인상

▶ 늘 접하는 일반적 이야기는 기사가 될 수 없다.

(원본) ○○○ 장군 동상 보수 위해 이천으로 이동

→ ○○○ 장군 동상, 40일 동안 입원한다

▶ 어떤 아이템이든 기삿거리로 승화시키자.

(원본) ○○○ 로고, 파란색으로 교체된다

→ ○○○, 100년 만에 파란 옷 입는다

▶ 보도자료 작성 시각은 '시민'의 눈으로.

(원본) ○○○ 대청소 권장 나서

→ 가을맞이, ○○○ 대청소 하세요~

▶ 행정용어는 가능한 한 시민의 언어로 써라.

(원본) ○○○ 공급 시스템 최적화 추진

→ ○○○ 안정적인 공급에 힘쓴다

▶ 런칭하는 네이밍(정책명, 캠페인)은 반드시 헤드라인에 넣는다.

(원본) 시민들이 직접 정책에 참여하는 '○○○ 시민평가단' 모집

→ 유니세프와 함께 '○○○ 아프리카 어린이 돕기 캠페인' 추진

▶ 노골적인 홍보자료는 핵심 콘텐츠를 부각하는 것이 좋다.

(원본) OOO, 이제 안심하고 사용하세요

→ OOO, 200개 항목 검사에서 안심마크 획득

언론은 타이밍! 보도자료 배포 시기는?

보도자료를 배포하는 주요 시기를 보면 먼저 연초 사업계획을 확정했을 때, 사업의 용역, 고시 공고를 할 때, 사업에 착수할 때, 추진 시 중요 사항이 결정되거나 완공되었을 때, 마지막으로 전체가 완료되었을 때다. 그 외에 백일, 일주년 등 특정 시기에도 보도자료를 쓸 수 있다. 특히 공공기관에서는 다음과 같은 경우 기자 설명회를 연다.

① 시민 생활과 직결되어 정책 추진 과정에 시민들의 다양한 의견 반영이 필요한 경우
② 해당 정책(사업)의 파급효과가 매우 커서 언론이 비중 있게 보도 해주길 바랄 때
③ 해당 정책(사업)이 사회적인 이슈가 되거나 논란이 될 것으로 예상되어 우리 시의 정확한 입장과 사실을 전달할 필요가 있을 때

④ 사업 성격이나 시기적인 특성상 집중적인 언론 보도가 필요할 때

⑤ 해당 정책(사업)의 내용이 전문적이고 어려워 보도자료만으로
   는 충분한 설명이 부족하다고 판단될 때

⑥ 사업이나 정책의 축소, 확대, 폐지 등 중요한 변동 사항이 생긴 때

⑦ 뉴스거리가 되는 통계자료가 나왔을 때

⑧ 특정 신문에 난 기사에 오해의 소지가 있어 더 자세한 내용을 담
   아야 할 때

⑨ 부정 보도 후 사업을 개선하기로 했을 때

⑩ 주요 행사 시

⑪ 상을 받았을 때

또 하나의 팁은 보도가 되기 어려웠던 자료, 팩트가 작아 보도
자료로 배포하기 망설였던 자료라면 명절이나 연휴 뒤 첫날 또는
주말을 노리는 것이 좋다. 그때는 취재거리가 마땅치 않아 작은
팩트도 기사로 나오기 쉽다. 이벤트나 행사 보도자료는 사전에 내
보내고, 기사는 행사 사진으로 나가는 경우가 대부분이다. 아이들
방학 탐구 교실이나 공원에서 열리는 행사는 주말에 실리기 쉽다.
반면 주요 정책과 관련한 기사는 월, 화, 수 조간으로 나가는 것이
좋다.

잘된 보도자료는 그대로 기사화되는 보도자료

앞에서 보도자료를 쓸 때는 본인이 기자라는 생각으로 시민의 입장에서 써야 한다고 했다. 이는 보도자료 작성의 기본이다. 기본적인 글솜씨와 논리가 있어야 하지만 잘된 보도자료를 필사해 보는 것도 보도자료를 잘 쓰는 요령 중 하나다. 언론 담당자들은 흔히 가장 잘된 보도자료는 그대로 기사화되는 보도자료라고 말한다. 즉, 주제가 들어 있는 헤드라인, 핵심만 쉽게 간추린 보도자료를 기사처럼 작성해 기자들이 그대로 쓸 수 있는 보도자료가 최고라는 것이다.

보도자료는 두괄식 구조로 써야 한다는 말을 많이 한다. 즉, 중요한 내용을 먼저 쓰고 그다음에 중요도가 덜한 순서로 쓰는 것이다. 또 그 사업을 추진함으로써 시민들이 얻는 이익이 무엇이고, 개선점은 무엇인지를 명확히 해야 한다. 자료는 팩트를 바탕으로 써야 하며 가능하면 사진을 함께 첨부하는 것이 좋다. 문장은 사실에 근거하고, 부사나 형용사를 붙이는 것은 사실을 흐릴 수 있으므로 자제한다. 인명은 한글로 쓰되 괄호 안에 한자를 표기하고, 영문 이름도 우리말을 먼저 쓰고 괄호 안에 영문을 쓴다.

어려운 용어는 당구장 표시(※)나 별도의 박스를 만들어 따로 설명해준다. 그렇지 않으면 시간에 쫓기는 기자들이 용어를 일일이 찾아봐야 한다. 또 한 문단에는 한 가지 팩트만 강조하는 편이 눈에 더 잘 들어온다. 한 문장은 2~3줄 정도가 적당하고 필요시 정책에 네이밍을 붙여 사용하는 것도 효과적이다. 각종 통계나 조사자료 등은 숫자가 맞는지 반드시 확인해야 한다. 보도자료를 배포하거나 기사가 나간 뒤에 자료를 수정하는 것은 굉장히 어렵다. 특히 실수하기 쉬운 것이 돈, 계량, 거리, 비율, 단위 등이다.

보도자료 분량은 A4 2장 정도가 가장 이상적이다. 기타 자료는 첨부로 따로 붙이고 사진도 본문에는 용량을 줄여 넣고 원본은 JPG 파일로 기사와 함께 송부하는 것이 좋다. 사진 용량이 클 경우 보도자료를 다운받는 데 시간이 걸려 기자들에게 짜증을 유발하고 외면받기 십상이다. 또한 오탈자가 없도록 신경 써야 한다.

이미지 어떻게 넣어야 할까

요즘은 지면 기사도 인터넷에 먼저 올라온다. 인터넷 뉴스가 일상화되고, 지면 뉴스보다 인터넷 뉴스를 더 많이 보게 되면서 텍스트로만 구성된 뉴스는 전혀 감흥이 없다. 사진을 첨부하거나 안 되면 일러스트라도 첨부해야 유력 언론에 실린다. 예전엔 기사만 잘 쓰면 됐지만 지금 인터넷 기사들은 한 번이라도 클릭을 당하려 눈길을 끄는 '낚시성 문구'로 가득 차 있다. 따라서 비주얼 메시지도 매우 중요하다.

사진을 넣다 보면 보도자료 분량이 늘어나고 글의 문맥이 깨진다. 이럴 때는 꼭 필요한 사진만 골라서 넣어야 한다. 또 요즘은 기자들에게 이메일로 보도자료를 보내기 때문에 용량이 크면 파일을 다운받고 여는 데 시간이 오래 걸린다. 따라서 보도자료에는 작은 용량의 사진을 넣고 대용량 사진은 꼭 필요한 경우에만 별도의 이미지 파일로 제공한다. 사진에는 반드시 캡션을 달아 사진 속 상황을 설명해주는 것이 좋다.

이미지를 작게 하는 것은 포토샵이나 전문 프로그램을 이용해야 하지만 한글 프로그램에서도 그림을 축소할 수 있다. 단계는 다음과 같다. ① 표를 만들어 보도자료에 필요한 사진을 불러와서 삽입한다. ② 사진의 크기를 전체 내용과 비교해 적당한 사이즈로 조절한다. ③ 그림을 클릭한 후 마우스 오른쪽 버튼을 클릭하고 '그림 파일로 저장'을 실행한다. ④ 파일 형식을 'JPG'로 선택해 저장한다. ⑤ 저장한 사진 파일을 불러와 다시 보도자료에 넣는다. 이렇게 하면 사진 용량이 줄어들어 문서 작업이 빨라지고 문서를 내려받을 때 속도도 빨라진다. 다만 이미지 크기가 줄어드는 만큼 이미지 품질도 낮아지므로 앞서 말한 대로 대용량 사진은 따로 첨부해서 보낸다.

부정 기사는 예방이 최고!

홍보 담당자들은 부정 기사나 오보가 나올 때 가장 당황한다. 부정 기사가 곧 위기는 아니지만 위기를 초래할 수 있기 때문이다. 부정 기사나 오보는 공공기관에 상당히 위협적이다. 공공기관은 업무 자체가 국민들 생활에 많은 영향을 미치고, 이해관계 또한 얽히고설켜 있다.

예를 들어 먹는 물이 일본 방사능에 오염된 것처럼 기사가 나갔을 때 그 파장은 엄청나다. 건설이나 건축 등에 문제가 생기면 바로 '부실 공사, 졸속 공사'로, 예산집행에 문제가 생기면 '국민의 혈세 줄줄 새'로, 이벤트나 행사를 하면 '전시 행정, 졸속 행정'으로, 정책을 좀 더 확대하거나 변화시켜 발표하면 '재탕'으로, 이전에 발생했던 사건·사고와 유사한 일이 다시 발생하면 '정부의 안이한 대처가 일을 키웠다'는 시각으로 언론의 화살을 맞는다.

부정 기사를 최소화하는 가장 좋은 방법은 기자 설명회, 간담회 등을 충분히 열어서 사전에 정책에 관해 충분한 지식과 정보를 제공하는 것이다. 그런데도 부정 기사가 나 그 기사의 파장력이 크고, 또 명백한 사실이 아니라면 해명 자료를 배포해야 한다. 하지만 이 해명 자료가 단순히 기사에 대한 반론에 머물러서는 안 된다. '부정확한' 사실에 대한 반론이어야 한다. 사실 자료들에 대해서 다시 한 번 객관성을 검토해보고 시민들이 수긍할 수 있는지 여부를 재고해야 한다. 마시는 물의 경우 방사능 검사 결과 방사능이 검출되지 않았으며 앞으로도 일주일에 3번씩 방사능 검사를 하겠다는 미래에 대한 의지까지 밝히는 것으로 마무리한다면 더욱 좋다.

오보 대응, 때로는 적극적으로 때로는 소극적으로

그렇다면 오보는 왜 나는 걸까? 기사들은 대부분 지면이나 방송시간 등이 정해져 있기 때문에 내용을 함축적으로 담게 된다. 이 과정에서 오보가 일어난다. 이를 막기 위해서는 보도자료에 전달하려는 핵심 메시지만 담는 것이 좋다. 기자들은 또한 마감 시간에 쫓긴다. 매일 쫓기는 일정 탓에 충분히 취재하기가 어려워 오보가 나는 경우도 있으므로 미리미리 보도자료를 돌려야 한다. 또 언론 보도의 특성상 기자가 정책에 대한 사전 지식이 없는 상태에서 단순한 정보나 코멘트가 실제와 달리 확대되어 보도되는 경우도 많고, 언론사가 취재 경쟁을 벌이는 과정에서 오보가 일어나기도 한다. 오보를 막기 위해선 자료를 알기 쉽게 적고, 제때에 충분히 설명하고, 배경 정보를 함께 주는 것이 필요하다.

오보는 전체적인 맥락을 파악한 뒤 대응 여부를 결정해야 한다. 그 오보가 사회적 파장이 큰 기사라면 후속 기사들을 몰고 올 것이 분명하므로 '빛의 속도'라 할 만큼 신속하게 대응해야 한다. 기자들도 자신이 쓴 글에 대한 해명 기사나 나면 당황한다. 자신이 쓴 기사가 오보라는 뜻이기 때문이다. 따라서 해명 기사를 내기 전에 그 기자가 출입 기자라면 미리 알려주는 것도 방법이다.

반면 그 기사가 오보지만 사회적 파장이 적고 후속 기사가 날 가능성이 낮다면 긁어 부스럼을 내지 않는 것이 현명하다. 상당수의 오보는 취재 현장의 분위기를 잘 이해하지 못하는 데스크가 마감 시간에 편집해 제목을 붙인 경우가 많기 때문이다. 또 해명 기사를 내는 것 자체가 관심을 불러일으켜서 기삿거리에 굶주린 기자들의 레이더망에 쉽게 포착되어 오히려 후속 기사를 유도하는 나쁜 방법이 될 수 있다.

그런데 관련 수치, 퍼센트, 장소, 시간 등 명확한 팩트에 대한 오보가 났을 때는 즉각 대응해야 한다. 사실 종이신문은 수정이 어렵다. 하지만 인터넷 기사는 수정할 수 있다. 이걸 모르는 사람들이 많이 있다. 단, 인터넷에 기사를 올리는 것은 기자가 아니므로 편집국에 전화해 수정을 요청해야 한다.

공무원의 한마디는 그 기관의 의견과 같다

여성가족부에 있을 때였다. 정권이 바뀌면서 정부 조직을 축소한다는 발표와 함께 여성가족부는 존폐 기로에 섰다. 대변인실로 자꾸 문의전화가 왔다. 여성가족부가 어떻게 될 것이냐, 어떻게 되길 바라냐, 여성가족부의 분위기는 어떠냐고 물으며 자꾸 답변을 요청했다. 개인적인 의견이라 어떻게 할 수 없다고 했지만, 나중에 보니 여성가족부 관계자라고 소개하면서 목소리를 변조해 방송에 내보냈다. 이런 경우가 허다하다.

특히 홍보를 처음 맡은 담당자는 자기의 의견이 곧 기관의 의견이 된다는 사실을 잊은 채 개인적인 의견을 말하곤 한다. 하지만 언론에서는 그 기관의 관계자란 말로 기사화한다는 사실을 잊지 말아야 한다. 사실관계가 분명한 것만 이야기하고 말을 아껴야 하며 기자의 유도 질문에 넘어가면 안 된다. 차라리 모르면 모른다고 하는 편이 낫다. 그 상황을 넘기기 위해 잘못된 답변을 한다면 그 파장은 오히려 걷잡을 수 없다.

인터뷰 준비는 철저하게

기관장이나 부서장의 인터뷰를 진행하든, 자신이 직접 인터뷰를 하든 간에 인터뷰를 추진하게 되면 일단 관련 이슈와 관계된 예상 질문 리스트를 작성하는 것이 좋다. 답변할 때는 보도자료를 쓸 때와 마찬가지로 결론부터 말한다.

취재진이 제기하는 이슈나 문제점에 대한 예상 질의와 답변을 정리하고 이를 충분히 검토하는 것이 필요하다. 또 답변 자료는 질문에 대한 답변뿐만 아니라 전하려는 메시지를 미리 생각해두는 것이 더욱 중요하다. 예를 들어 아리수의 경우 NSF 인증 등 세계기관에서 병물 아리수가 최초로 품질 인증을 받은 사실에 대해 인터뷰가 들어온 적이 있다. 이에 대해 서울시 아리수는 시민들이 마시기에 건강하고, WHO 163개 항목 검사 결과 수질 기준에 적합하다는 메시지를 꼭 넣었다. 전문적인 용어는 알기 쉬운 단어로 대체하는 것이 좋다.

기자들은 분명 문제점을 지적한다. 이때는 그런 문제를 알고 있으며 그것을 해결하기 위해 어떤 조치를 취하고 있고, 앞으로 계획은 무엇인지를 알려준다. 특히 잘 모르는 것에 대해선 절대 아는 척하거나 거짓말해서는 안 된다. 이는 곧 잘못된 보도로 이어질 수 있기에 답변할 때는 항상 신중을 기해야 한다. 간혹 '오프 더 레코드(off the record)'라고 해서 기자에게 이건 절대 보도하지 말아달라며 이야기하는 경우가 있다. 하지만 이는 하늘도 장담 못하는 일이다. 보도되길 원치 않으면 입을 다물어야 한다. 따라서 인터뷰는 다음처럼 하는 것이 좋다.

① 말하려는 바를 심플하게
② 흥분은 금물
③ 순발력이 필요
④ 기본적으로 부장급이 대응

기자 대하기

공무원들은 대부분 기자와 대면하기를 꺼린다. 괜히 잘못 말하면 안 될 것 같고, 어떻게 대해야 할지 모르는 것이다. 시민은 언론의 시각을 한 번 거친 정책을 접한다는 점을 명심하고, 기자들의 취재 문의에 최대한 친절하고 정중하게, 하지만 늘 당당하게

임하는 것이 좋다.

기자들은 밤낮 없이 취재를 하므로 근무시간 외에도 핸드폰으로 문의전화를 하는 경우가 있다. 그럴 경우에도 성심껏 응대해야 한다. 안 그래도 피하고 싶은 기자들인데 기자 하면 왠지 까칠해 보이고 위축되는 것이 별로 만나고 싶지 않을 것이다. 하지만 기자도 사람이다. 인간적으로 가깝게 지내다 보면 부정 기사를 내보내기 전에 슬쩍 힌트를 주는 경우도 있다.

기자와 유대 관계를 맺는 가장 좋은 방법은 그 기자가 쓴 기사에 대해 피드백을 하는 것이다. 어떤 점이 좋았고 어떤 점은 이런 측면에서 다뤄보면 어떨까 하는 식으로 성의를 가지고 구체적인 피드백을 줄수록 효과는 좋다.

또 기자를 대할 때 기자가 원하는 사람이 되어주는 것도 방법이다. 기자들은 각 부서의 돌아가는 현안이나 업무에 대해 가장 최신 내용까지 정확히 꿰뚫고 있는 사람을 가장 좋아한다. 자기가 문의하는 것에 대해 정확한 정보를 줄 수 있기 때문이다.

기자 설명회 개최는?

기자 설명회는 뉴스 가치가 높거나 사회적으로 중대한 사안 또는 연간 업무 계획 등을 발표할 때 여는데, 기자들을 직접 모아놓고 보도자료를 읽는 것이 관례였다. 하지만 최근에는 보도자료는 따로 인쇄물로만 나누어주고 발표 내용을 파워포인트(PPT)로 알기 쉽게 도표화해 발표하는 것이 관례화되고 있다.

특히 서울시는 중대 발표의 경우 각 실국의 본부장이 하는 경우도 있지만 정말 중대한 사안이거나 시의 핵심 정책은 시장이 직접 나서서 기자 설명회를 한다. 따라서 기자 설명회를 할 때는 홍보 담당자들이 보도자료를 잘 쓰는 것은 물론이고 자료 작성까지 파워포인트로 잘해야 한다.

기자 설명회를 할 때는 기자 설명회가 끝난 후 기자들의 질의에 대한 응답도 마련해야 한다. 예상 질문과 답변을 충분히 준비해도 막상 현장에서는 예상치 못한 질문이 나올 수 있으므로 치밀한 준비가 필요하다. 기자 설명회는 언론과 만나는 공식적인 자리이기 때문에 장관이나 시장, 각 사업 부서의 최고 책임자가 하는 것이 가장 무난하다.

시간은 대체로 오전 10시에서 11시 사이에 하는 것이 좋다. 너무 일찍 하면 당일 석간신문에 기사가 먼저 나와 다음 날 조간에 기사가 작게 나고, 너무 늦은 시간에 하면 기자들이 마감 시간에 쫓겨 기사를 쓸 시간이 부족하다. 서울시의 경우 기자들이 기사를 쓸 수 있도록 조간은 오전 11시에, 석간은 조간보다 마감이 빠르기 때문에 오전 10시에 기자설명회를 하고 있다.

기자 설명회 후엔 간단한 식사 자리를 마련하는 것도 센스 있는 방법이다. 평소에는 아무 명목 없이 기자들과 최고 책임자가 간담회를 하기가 쉽지 않지만, 기자 설명회 후에는 자연스럽게 자리를 마련할 수 있다.

스토리텔링형 보도자료의 놀라운 힘

요새 스토리텔링(storytelling)이라는 말을 많이 쓴다. 스토리텔링이란 스토리(story)와 텔링(telling)을 합친 말로, 알리려는 것을 더욱 생생하고 재미있게 이야기체로 전달하는 것이다. 또는 이야기를 인물 구조로 전환해서 서술ㆍ진행하는 기법을 말한다.

현장에서는 스토리텔링형 보도자료가 효과적이라는 이야기를 많이 한다. 그렇다면 스토리텔링형 보도자료는 무엇일까? 이는 사물(인물)이나 현상을 생생한 이야기를 통해 재미있는 기사로 많은 사람에게 전달하는 것을 말한다. 소재는 시의성 있는 인물이나 동물, 심지어 동상도 가능하다.

서울시 도시계획국에 근무할 당시 광화문 광장에 놓일 세종대왕 동상은 2009년 4월에 작업을 시작했다. 동상은 10월 9일 한글날 제막식을 앞두고 10월 5일에 서울로 운반하기로 계획되어 있었다. 애초에는 보도자료를 세종대왕 동상 설계 공모전 때 한 번, 9월경 세종대왕 동상 제막을 한 달여 앞두고 동상 제작 중간 경과를 소개하는 2차 보도자료 한 번, 그리고 제막식 때 한 번 해서 총 세 차례 뿌릴 예정이었다.

그러나 동상 제막식이란 행사 자체가 어찌 보면 새로울 것도 없는 데다가 이미 이순신 동상이 자리하고 있는 광화문 광장에 건립되는 터라 시민의 관심을 얼마나 받을 수 있을까라는 의문이 컸다. 따라서 보도자료도 이슈화될 수 있는 뭔가를 기획적으로 찾아내야 했다. 일단 동상이라는 보도 상품 자체의 특성을 생각했다.

광화문 광장에 오는 세종대왕 동상의 특징은, 동상을 만든 김영원 작가도 이야기했듯이, 부드럽고 잘생긴 40대의 세종대왕 모습이라는 점이다. 그러나 무게 20톤, 높이 6.4미터에 달하는 동상을 제막식을 5일 앞두고 이천 작업장에서 서울 광화문 광장까지 옮기는 것 자체가 큰 이슈가 되겠다는 생각이 들었다. 이에 서울로 오는 세종대왕 동상의 입성기를 스토리텔링 형태로 풀어 이목을 집중시키자는 불손한(?) 아이디어를 떠올렸다. 핵심은 세종대왕 동상을 의인화해서 세종대왕이 어여쁜 백성들을 만나러 서울의 중심, 광화문 광장에 입성한다는 내용으로, 제목도 '세종대왕 서울 입성기'로 정했다. 내용은 세종대왕이 무진동차를 타고 교통 혼잡을 피해 야심한 새벽에 아슬아슬하게 육교 등을 통과하며 온 다는 긴박감 넘치는 이야기로 풀었다.

반신반의하며 배포한 보도자료의 반응은 실로 뜨거웠다. 방송 3사, 4대 일간지는 물론이고, 우리나라 언론의 사진기자는 다 온 것처럼 세종대왕 수송 작전은 언론의 주목을 받았다. 다음 날 신 문은 세종대왕 동상과 관련한 기사로 도배되었다. 보도자료 없이 그냥 지나쳤으면 제막식을 5일 앞두고 한 동상 운반에 불과한 팩 트를 스토리로 엮은 보도자료를 발표하여 큰 반향을 불러일으킨 것이다. 세종대왕 동상 제막식에 대한 이 보도자료는 스토리텔링 의 대표적인 성공 사례라는 평가를 받았다.

서울대공원은 이야깃거리도 풍부할뿐더러 이를 스토리텔링으 로 잘 푸는 기관으로 소문이 나 있다. 몇몇 보도자료 제목만 봐도 호기심이 일기에 충분하다. 어린이날에는 '스리랑카에서 온 코끼 리 생일잔치' 보도자료를 배포하고 기자들까지 생일잔치에 초대 했다. 또 어린이대공원에 있는 여덟 살 남미물개 수컷이 새끼를 낳지 못하는 물개를 위해 서울대공원으로 이동한 이야기를 재미 있게 풀어쓴 '어린이대공원 남미물개 물돌이가 과천으로 간 이유'

보도자료도 또 한 번의 이슈가 되었다. 보도자료 내용도 소설처럼 재미있다. 한 단락만 살펴보면 다음과 같다.

반면, 서울대공원 남미물개 부부(♂ 2000년생, ♀ 1999년생)는 사육사들의 정성에도 불구, 속궁합이 맞지 않았는지 번번이 임신에 실패했다. 서울대공원 관계자는 "이러다 남미물개 집안의 대가 끊어지지 않을까"라고 걱정했다. 이때, 서울어린이대공원의 잇단 출산 소식이 전해져 도움을 청하기로 했다. 길이 2m, 몸무게 200kg의 거구로 '물개판 변강쇠'임이 '검증'(?)된 '물돌이'의 '힘'을 빌리자는 생각. 인간사라면 불륜이겠으나, 물개의 세상에선 본능이므로 '사랑 나누기'를 히든카드로 꺼냈다

_ 2012년 7월 19일 자 서울어린이대공원 보도자료

경제에는 언론도 시민도 민감하다

경제, 즉 돈 문제에는 언론도 시민도 관심이 많다. 특히 공공부문의 요금 인상은 언론의 관심을 많이 받는다. 사실 우리나라 수도 요금은 턱없이 싸다. 다른 공공요금에 비해서도 매우 싸다는 사실을 국민 대다수가 알고 있다. 그런데도 요금 인상에 대해서는

언론도 시민도 굉장히 예민하게 반응한다. 버스 요금 등 다른 공공요금이 인상을 할 때도 서울시 수도 요금은 2001년부터 15년째 제자리를 지키고 있다.

우리나라는 세계 5위의 물 부족 국가인데도 물 소비량은 1인당 275리터로 경제협력개발기구(OECD) 회원국 중 최고 수준이다. 우리나라 연평균 강수량은 1200mm로 세계 평균의 1.4배에 이른다. 하지만 인구밀도가 높기 때문에 인구 1인당으로 따지면 세계 평균의 1/8에 불과해 실제 사용할 수 있는 양은 그리 많지 않다. 이런데도 물 부족의 심각성을 제대로 인식하는 시민은 많지 않은데 수도 요금이 너무 싼 것도 그 이유 중 하나로 지적된다.

2012년, 서울시는 서민 생활 안정을 위해 가정용 요금 및 소규모 영세 상인의 요금 인상을 최소화하는 선에서 수도 요금 인상을 검토하기에 이르렀다. 돈 문제, 공공기관 요금 인상 분위기가 감지되자 발 빠른 기자들이 이를 눈치채고 업무보고서 등 내부 자료를 입수해 추측성 보도를 하기 시작했다. 그 결과 공공요금 무더기 인상에 수도 요금이 들어가 기자들의 취재 문의가 끊이지 않았다. 아직 결정되지 않은 사항, 특히나 공공요금 인상에 예민한 분위기에서 수도 요금 인상은 더욱 까다로운 사안일 수밖에 없었다. 담당자가 자꾸 피하면 결국 기자들은 추측성 부정 기사를 쓰게 된다. 따라서 모르쇠로 일관하는 것도 한계가 있으므로 이럴 때는 아예 처음부터 솔직히 이야기하는 것이 좋다. 피한다고 되는 것도 아니고 요금 인상은 어떤 이유로든 간에 언론의 비판을 피할 수 없기 때문이다.

사회적 관심이 많은 이슈는 정보를 많이 줄수록 좋다

광화문 광장에 있는 '이순신 장군 동상'은 제작한 지 42년이 지나 여기저기 상처투성이였다. 이에 서울시는 이순신 장군 동상의 보수공사를 2010년 11월 13일에 착수해 크리스마스 전에 완료할 계획을 세웠다.

시는 고민이었다. 그동안 세종로를 대표하는 상징물이자 광화문 하면 떠오르는 수호천사로 자리매김한 동상을 수리하기란 여간 부담스러운 게 아니었다. 전문가들에게 자문하니 동상의 안까지 상처가 많이 나서 작업장으로 이동해 보수·수리를 해야 한다고 했다. 이 과정을 시민들에게 좀 더 잘 설명하고 양해를 구하는 것이 당면 과제였다. 그래서 생각한 것이 바로 의인화였다. 이순신 장군 동상을 사람처럼 '입원했다', '탈의했다'로 재미있게 표현한 것이다. 이것도 기자들의 호기심을 자극해 이야깃거리가 된다.

실제 신문에 나온 헤드라인 대부분이 치료, 입원, 퇴원 등 서울시가 의인화한 제목을 그대로 썼다.

이순신 장군 동상의 보수·수리와 관련해 시는 보수 설계 착수부터 쾌유 기념 이벤트까지 보도자료를 총 8번 뿌렸다. 보도자료 제목을 보면 '이순신 장군 입원, 치료는 어떻게 받을까?, 내시경검사 받은 이순신 장군 동상, 결국 입원… 크리스마스 전 퇴원, 이순신 장군 동상 보수 설계 착수, 이순신 장군 40일 동안 입원한다(기자 설명회), 이순신 동상 자리에 실사 가림막, 이순신 동상 탈의 가림막 시민 여론조사 후 결정키로, 이순신 동상 기단도 4일간 보수 세척 작업한다, 광화문 광장, 이순신 동상 맞이 작업 들어간다, 이순신 동상 기개 넘치는 모습으로 돌아온다, 이순신 동상 쾌유 기념 이벤트' 등으로 동상 수리 과정을 보도자료에 모두 담았음을 알 수 있다.

물론 서울 한복판에서 서울의 상징물 기능을 하는 이순신 장군 동상이 갖는 의미가 큰 까닭에 기사가 많이 나온 것일 수도 있다. 하지만 그보다 이순신 장군 보수 과정을 시민들과 공유해야 한다는 마인드로 과정 하나하나에 보도자료를 낸 담당자들의 역할이 컸다. 동상을 작업장으로 옮겨서 작업할지, 그 자리에서 할지, 또 동상이 이동한 뒤 빈자리는 어떻게 할 것인지 등 수많은 고민을 시민과 공유했고 그 결과 아무 탈 없이 동상 수리를 마칠 수 있었다.

언론의 뜨거운 감자, 전략적 대응 사례 1: 열린 결론으로 논란 잠재운
광화문 광장

언론에서 특정 이슈로 포화가 집중될 때가 있다. 그 이슈가 우
리 부서와 관련된 것이면 홍보 담당자는 그야말로 죽을 맛이다.
날마다 쏟아지는 부정 기사를 온몸으로 겪어야 하기 때문이다. 또
공공기관처럼 언론에 민감한 곳이 어디 있으랴. 날마다 불려가서,
해명 자료를 쓰네 마네, 그 기고를 한 담당자와 통화를 하네 마네
하며 곤욕을 치른다.

광화문 광장은 서울시에는 그야말로 뜨거운 감자였다. 시작은
2009년 8월 1일 개장일부터였다. 주로 인공 조형물이 지나치게
많다, 원칙 없는 과다한 행사 시설물(사진전 등) 때문에 국가의 상
징인 거리의 품격을 저하한다, 그리고 중앙광장의 한계와 종로 등
주변 교통이 정체된다 같은 안전성 문제부터 시작해 중앙가로 광
장이라는 구조적인 문제, 국가 대표 광장의 정체성에 이르기까지
날마다 언론의 포화를 맞아야 했다.

당시 광화문 광장 담당 부서의 언론 담당으로 광장 기사를 모니
터하면서 가장 충격이었던 것은 한 문화평론가가 신문에 기고한

글에서 광화문 광장을 '거대한 중앙분리대'라고 한 것이다. 이는 도로 중앙에 있는 광장의 구조적인 문제를 지적한 것으로 이후 광화문 광장은 '거대한 중앙분리대'라고 곧잘 불렸다.

또 다른 지적은 바로 광장으로서 정체성에 관한 것이었다. 시는 볼거리와 즐길 거리를 제공하기 위해 전시회, 스케이트장 등을 개장했으나 언론에서는 시설물 과다 등을 지적했다. 일부 언론과 전문가들은 광장의 기본적인 기능을 이야기하며 비움으로 가서 그 속에서 시민이 자체적으로 광장 문화를 만들어가야 한다고 했다. 시에서도 고민이 컸다. 하지만 시민들에게 광화문 광장 만족도 조사를 해보면 스케이트장, 나도 임금이다 이벤트 등 시민들이 즐길 수 있는 다양한 활동에 대한 만족도가 83.2퍼센트로 상당히 높게 나왔다. 참 아이러니했다. 시민들은 좋아하고 전문가들은 나날이 비판하는 광화문 광장.

출근해서 퇴근할 때까지 광화문 광장 언론 분석만 하는 날도 부지기수였고, 보도자료 하나를 낼 때도 토씨 하나까지 조심스러웠다. 광화문 광장에 대한 부정 보도가 하루가 멀다 하고 나오는 상황에서 부담은 말로 할 수 없었다. 비판 기사가 쏟아진다고 섣불리 해명 기사를 냈다가는 더 큰 파장을 몰고 올 것이 불 보듯 뻔했다.

그 당시에 필요한 것은 해명 기사가 아니라 광화문 광장의 정체성에 대한 시의 결정이었다. 수도 서울의 심장부에 국가 상징가로로 조성된 광화문 광장이 유럽식 광장처럼 비움의 공간으로 가야 할지, 아니면 광장을 찾는 시민들에게 볼거리와 즐길거리를 충분히 제공해야 할지 등 광장의 정체성과 바람직한 모습에 대한 어떤 결론을 내지 않으면 수그러들 기세가 보이지 않았다.

서울시는 다양한 방안을 검토한 끝에 모든 것을 열어놓기로 결론을 냈다. 즉, 개장 4개월 만에 600여만 명이 다녀가는 등 시민 관심이 집중되고 있지만, 일부 전문가들의 주변 교통, 시설물 과다 설치 등에 대한 다양한 지적을 인정하고 시정하겠으며 앞으로 세 번의 시민 토론회를 통해 각계각층의 시각차를 수렴해 바람직한 광화문 광장의 모습을 정립해 나가기로 한 것이다.

광화문 광장은 100년을 내다보는 국가의 대표 광장이지만 아직 미완의 모습임을 인정하고 앞으로 시민, 전문가와 함께 광장을 완성하기로 운영 방향을 결정했다. 정면으로 승부수를 띄운 것이다. 다행히 성공적이었다. 서구 같은 광장 문화가 발달하지 않은 우리나라에서 광장을 운영하는 데 시행착오가 있음을 인정하고 여러 지적들을 겸허히 수용하겠으며 앞으로 시민과 함께 광장의 모습을 완성하겠다는 서울시의 의지에 토를 다는 언론은 없었다.

그 후 부정 기사는 확 줄었고, 담당자들도 안도의 한숨을 내쉬었다. 긴 여정이었다. 그동안 나온 보도자료를 보면 '광화문 광장 준공 기념행사(2009년 8월1일), 광화문 광장 후속 대책, 시민 안전 대비해 시설물 보강(8월 3일), 광화문 광장 관람객 백만 돌파(8일, 9일), 가을 플라워카펫 가을 꽃 새 단장, 아이리스 촬영, 시민과 함께 국가 대표 광장 완성 논의 본격화, 광화문 광장에서 스노보드 대회를, 대토론회 3회, 사계절 행사 운영 거쳐 광화문 광장 운영 기본 방향 확립' 등 제목만 봐도 광화문 광장이 얼마나 많은 변화를 거듭했는지 알 수 있다. 이러한 수많은 논의 끝에 광화문 광장은 서울을 대표하는 국가 대표 광장으로 자리매김하고 있다.

이처럼 언론의 뜨거운 감자로 떠올랐을 때는 해명 자료를 내야 할 시점인지, 새로운 결론으로 분위기 전환을 모색할 것인지 판단하는 것이 상당히 중요하다. 광화문 광장의 사례에서는 시민들이 많이 이용하는 광장의 특성과 광장 문화가 정착되지 않은 우리나라의 문화를 감안해 열린 결론이 가능했다. 하지만 현실적으로 이렇게 열린 결론으로 풀 수 있는 정책은 많지 않다. 이럴 때 담당자의 경험과 노하우가 필요하다. 특히 해명 자료를 낼 때는 정말 신중해야 한다. 자칫하면 변명과 책임 회피로 보여 비판 기사를 더욱 키우고 상황을 악화시킬 수 있기 때문이다.

언론의 뜨거운 감자, 전략적 대응 사례 2: 타이밍으로 터닝포인트 만든
구제역 파동

10년 만에 찾아온 혹한을 지나면서 2011년 2월에는 구제역 파
동이 대한민국을 휩쓸었다. 처음에는 구제역 매몰지 관리 소홀에
대한 비판 보도가 쏟아지더니 뒤이어 '상수원 옆 구제역 무덤…
침출수 수돗물 마시나(≪경향신문≫, 2011년 2월 15일 자), 구제역
침출수 상수원까지 오염시켜 전염병 돌 수도(≪폴리뉴스≫, 2011년
2월 15일 자)' 등 상수원 오염 문제까지 확대되며 매몰지 300m 내
식수원이 오염됐을 가능성까지 제기되었다.

먹는 물 오염에 대한 국가적·국민적 우려는 대단했다. 먹는
물이 오염되면 2차로 전염병이 돌 수 있고 이는 국가의 생존마저
위협할 수 있다는 가능성을 생각해보면 이런 예민한 반응은 어쩌
면 당연했다. 위협적인 헤드라인의 뉴스가 연일 나왔다. 팩트를
잘 이해하지 못한 추측성 기사도 터져 나왔다. 이에 대응한 환경
부 등 관련 기관의 해명 기사가 나왔지만 언론에서는 오히려 이것
을 문제 삼아 '가능성'만으로 추측성 기사 등을 쏟아냈다.

상수도사업본부는 물의 중요성을 감안하면 언론의 우려는 이
해하지만 상수원 오염 등에 대해선 전혀 문제가 없다는 자신감이
있었다. 실제로 수질 검사 등을 해봐도 평상시와 구제역 파동 이

후의 수질 검사 결과는 변함이 없었다. 다만 수질 검사 결과와 앞으로도 수질을 철저히 관리하겠다는 의지를 담은 공식입장을 언제 발표할지가 고민이었다. 침출수 논란이 사회적 이슈로 들끓을 때 발표를 하면 검사 결과 공정성, 검사 항목의 타당성 등 또 다른 이야깃거리를 제공할 수 있다고 판단했기 때문이다.

서울시 상수도는 기자들의 임의 취재 요청에는 검사 결과 이상이 없다고 응대를 했다. 그리고 공식적인 입장은 시기를 조율하며 상황을 지켜보다가 침출수 문제가 한 템포 가라앉은 3월 4일, 한강상수원 25개 지점이 구제역 침출수로부터 안전하다는 공식입장을 담은 보도자료를 발표했다. 남한강과 북한강 수계 16개 지점 및 팔당댐 하류 9개 지점의 수질을 조사한 결과 평소 수질 농도와 비슷한 수준으로 검출됐고 침출수 영향은 없다는 내용이었다. 특히 수돗물은 정수 처리돼 무해하지만 시민들의 심리적 불안을 고려해 매몰지 인근 취수원의 모니터를 강화하고 수질 검사를 강화해 원천 차단에 주력하겠다는 의지를 담았다. 논란이 한 풀 꺾였을 때 이러한 내용을 발표함으로써 오히려 침출수 문제를 종결시키는 터닝포인트로 만들었다.

언론의 뜨거운 감자, 전략적 대응 사례 3: 발 빠른 대처로 시민 불편 최소화한 명절 단수 사태

2011년 2월, 10년 만에 찾아온 혹한으로 서울시 상수도사업본부는 그야말로 살얼음판이었다. 영하 10도 이하의 혹한이 계속되면서 계량기 동파가 급증하고, 기온이 다시 영상으로 오르면서 온도차 때문에 대형 송수관 파열도 두 번이나 일어났다. 특히 신내IC에서 일어난 강북 대형 송수관 파열은 하필이면 구정 전날 생겼다. 이 때문에 서대문구 3만 8000가구가 단수로 명절 준비를 하지 못해 발을 동동 굴렸고 이에 대한 언론의 비판 보도는 매섭기 짝이 없었다. '수돗물 공급 끊겨… 설 연휴 주민 피해 막심'부터 '떡국도 못 끓여 먹을 판'까지 비난 여론이 들끓었다. 복구 작업을 위해 직원들이 밤을 새우며 매달렸지만, 대형 송수관을 고치는 데는 하루가 넘게 소요됐고 비난 여론은 빗발쳤다.

2001년에 비해 영하 10도 이하 일수가 2배 이상 늘어난 기상이변과 연일 영하 10도 이하의 날씨가 계속되다 풀리면서 급격한 온도차 때문에 일어나는 송수관 파열을 막기란 쉽지 않았다. 시는 계속해서 홈페이지에 단수 현황을 올리고 복구 상황을 실시간으로 언론에 공개했다. 또 앞으로 잦아질 기상이변에 대비해 4월부터 겨울철 동파 예방을 위한 특별대책팀을 가동하고 계량기 동파

실태 조사 및 예방 활동에 들어갈 것이란 향후 대책을 제시하는 것도 잊지 않았다. 이런 발 빠른 대처와 실시간 복구 상황 공개 등으로 다행히 명절 단수 사태는 잘 마무리되었다.

언론의 뜨거운 감자, 전략적 대응 사례 4: 범국민 캠페인으로 확대해 위기를 기회로 만든 제돌이 사건

서울대공원에서 관람객의 인기를 독차지하던 제돌이가 사회문제로 떠올랐다. 제돌이는 멸종 위기종인 남방큰돌고래로, 2009년 제주 퍼시픽랜드가 불법 포획해 서울대공원에 팔았다. 이렇게 불법 포획한 돌고래에게 묘기 공연을 시키는 것이 동물 학대라는 문제가 제기된 것이다.

시는 제돌이 문제로 여러 언론에서 집중 포화를 맞았고, 이에 서울시장은 제돌이를 제주 앞바다로 돌려보내기로 했다. 이로써 서울대공원의 돌고래쇼는 잠정 중단되었다. 이것은 '제돌이 사건'으로 불리며 사회문제화되었다. 동물 복지와 관련한 쟁점들이 쏟아졌고 서울시를 비판하는 기사로 들끓었다.

서울시는 이 위기를 정면으로 돌파했다. 상황을 인정하고 재빠르게 대책을 마련해 동물 보호에 대한 다양한 내용의 캠페인을 전개하기로 한 것이다. 먼저 동물보호자유연대와 함께 '제돌이 프로

젝트'를 전개했다. 제돌이 프로젝트는 제돌이를 다시 자연으로 돌려보내는 것뿐만 아니라 아직도 동물원에서 고통받는 돌고래들을 서식지로 안전하게 돌려보내기 위한 기금을 마련하는 프로젝트다. 이 프로젝트는 동물과 인간을 동반자로 보고, 동행을 기치로 다양한 동물 보호 보전 사업을 펼치는 '동행 프로젝트 릴레이 캠페인'으로 이어졌다.

이 캠페인을 통해 서울시는 공공기관으로는 처음으로 반려동물 입양 센터를 오픈했으며, 서울동물원 내 종 보전 및 보호가 시급한 멸종위기 야생동물 12종을 선정, 향후 각 동물별 보호 사업을 펼치기 위해 일반 시민을 대상으로 모금 활동을 펼쳤다. 이렇게 서울대공원 동행 프로젝트 릴레이 캠페인은 제돌이 사건을 정면 돌파하며 오히려 동물 보호라는 이미지를 만들어간 서울대공원의 공이었다.

프레스 투어도 효과 있다!

프레스 투어(press tour)는 주요 정책 현장에 기자들을 직접 초대해 정책을 설명함으로써 기사를 유도하는 언론홍보 수단 중 하나다. 단순히 보도자료가 아니라 실제 시설물 등을 직접 보고 체험한 뒤 쓴 기사는 생생하고 구체적이다. 그 때문에 사진이나 방송 보도가 필요한 경우 프레스 투어를 하면 더욱 효과적이다.

그렇다면 프레스 투어는 언제 하는 게 좋을까? 프레스 투어는 동상, 공원 등 각종 시설물이 완공되기 직전이나 완공된 직후 하는 것이 가장 효과적이다. 그다음으로는 해당 사업이 어느 정도 성공적으로 추진된 후, 주요 사업의 공사를 시작할 때, 보도자료만으로 부족해 언론의 확인이 필요한 경우, 또 사회적으로 이슈가 되거나 시민들에게 주목을 받는 장소일 때 등이다. 프레스 투어를 진행하는 것은 담당자에게는 부담스러운 일이다. 기자들 명단도 미리 파악해야 하고 동선, 일정, 프로그램까지 다 짜야 하기 때문이다. 하지만 시설물 완공 같은 경우 프레스 투어는 꼭 필요하다.

프레스 투어 진행을 매끄럽게 하는 것도 중요하지만, 가장 중요한 것은 역시 보도자료다. 또 시설물의 경우 공사 중보다는 완공 시점에 실시하는 것이 좋다. 세부 일정을 자세히 짜서 기자들에게 사전에 충분히 준비되었다는 느낌을 주어야 한다. 또 장관이나 시장 등 내부 VIP가 참석한다고 해서 너무 의전에만 신경 쓰면 속보인다. 프레스 투어의 주인공은 기자들인 만큼 기자들 안내에 소홀해서는 안 된다. 2013년 2월 시민청을 개관하면서 서울시는 프레스 투어를 실시하고 이 프레스 투어를 유튜브, 다음 TV팟 등에 생중계해 이목을 더욱 집중시켰다.

인터넷 뉴스가 뜨면서 더욱 중요해진 언론 모니터링

모든 공공기관은 매일 언론 모니터링을 한다. 모니터링이란 그날그날의 기사를 검색해 그 기관의 업무와 연관된 정책, 사업과 관련된 기사 동향을 살펴보고 스크랩하는 것이다. 이 모니터링은 홍보과의 기본 업무 중 하나라고 볼 수 있다. 정책홍보팀이나 홍보과가 있으면 그곳에서 하고, 그렇지 않은 경우에는 총무과에서 한다. 홍보과나 총무과 직원들에게 가장 하기 싫은 일을 꼽으라면 언론 모니터링이 3위 안에 들 것이다. 새벽별 보며 나와야 하고 기사 하나라도 빠질까 전전긍긍하며 시간 내에 모니터링을 마치고 출력해서 간부들 책상 위에 올려놓아야 하기 때문이다.

그래도 요즘은 많이 편해진 것이다. 예전에는 종이신문을 하나하나 스크랩하고 칼로 잘라 복사하면서 모니터링을 했다. 그런데 요즘은 언론 모니터링을 할 수 있는 '스크랩마스터'나 '아이스크랩' 같은 스크랩 전문 프로그램이 나와서 스크랩을 쉽게 할 수 있다. 이 프로그램은 연간 단위로 계약해서 쓸 수 있으며 프로그램에 접속하면 그날의 모든 종이신문을 판면 그대로 열람하면서 관심 기사의 검색과 스크랩을 쉽고 빠르게 할 수 있다.

그런데 이 스크랩 프로그램에는 종이신문밖에 뜨지 않는다. 인터넷 뉴스가 빛의 속도로 확산되는 요즘 이 스크랩 프로그램만으로는 부족하다. 따라서 실시간으로 인터넷 뉴스를 별도로 모니터링해야 한다. 종이신문에 나오지 않은 기사들이 포털 메인에 떠서 이슈가 되는 경우도 많기 때문이다.

인터넷 신문이나 뉴스가 중요해지면서 언론 모니터링은 과거보다 더 중요해졌고, 실시간으로 놓치지 않고 꼭 해야 하는 일이 되었다. 그렇다면 이왕 하는 모니터링 어떻게 하면 잘할 수 있을까? 일단 사업 정책과 관련된 검색 키워드를 10개 정도로 정리한다. 서울시 상수도라면 수돗물, 아리수, 동파, 조류, 수도 요금, 계량기, 정수센터, 수질, 음용률, 물 등이 되겠다. 담당자를 정해놓고 3시간마다 포털에서 뉴스를 검색해야 한다. 뉴스를 분류하는 방법에는 기사 중요도에 따른 분류와 매체에 따른 분류 두 가지가 있다.

그리고 뉴스를 보면 사업과 직접 연관된 기사와 간접적으로 연관된 기사가 있다. 연관 기사 중에서도 중요한 것이 있고 단순 기사가 있으므로 이 중요도에 따라 기사를 분류한다. 정책 관련, 연관 기사, 참고 기사, 기타 등으로 뉴스를 분류하고 정책 관련한 보도자료를 뿌린 경우 기사가 비슷하게 많이 난 경우는 대표 언론사

기사만 스크랩하고, 기타 언론사는 ≪○○일보≫ 외 10건 이런 식으로 건수만 나타내는 것이 좋다. 매체별로 정리할 경우는 KBS 등 주요 방송 ○○회, 케이블, DMB, 라디오 ○○회, 주요 일간지 ○○회, 기타 일간지, 인터넷 등 ○○회 등으로 나누고 세부 항목별로 표를 만들어 일괄 정리한다. 기사 리스트는 연간 단위로 일목요연하게 정리하는 것이 좋다. 그러면 차후 어떤 팩트가 많이 보도됐는지, 부정 기사는 뭐가 났는지, 어떤 시기에 기사가 몰리는지 등 정책 관련한 보도 현황을 한눈에 파악하는 데 도움이 된다. 정리를 할 때 양식은 방송사(신문사)와 프로그램, 일시, 보도내용이 들어가게 하면 된다.

맺음말

지금까지 정책홍보의 큰 두 축이 되는 기획홍보와 언론홍보를 사례 중심으로 살펴봤다. 이 책을 읽은 이상 실무에서 부딪히게 되는 홍보, 캠페인, 보도자료, SNS 이런 말들이 더 이상 낯설거나 어렵게만 느껴지지는 않을 것이다. 하지만 이런 세부 스킬보다 더 중요한 것이 있다. 바로 적극적인 홍보 마인드다. 다시 한 번 강조하지만 지금은 정책 입안 과정부터 국민이 참여하는 시대다. 국민의 지지를 받지 않은 일방적인 정책은 실패한 것이나 마찬가지다. 또 한 가지 잊지 말아야 할 것은 공무원은 국민의 세금으로 일하는 사람들이기에 어떤 일에 돈을 쓰는지 국민에게 보고할 의무가 있다는 점이다. 국민에게 알리는 것을 등한시한다면 공무원으로서 기본 의무를 저버리는 것이나 마찬가지다.

당장 오늘부터 내가 하는 정책이나 사업과 관련해 국민에게 알려야 할 내용이 있나 한번 살펴보자. 홍보팀, 대변인실에만 넘길 것이 아니라 모든 사업 담당자가 홍보 담당자란 적극적인 마인드를 가지고 정책이나 사업계획을 수립할 때도 홍보 전략도 함께 넣자. 덜렁 계획서만 가지고 온 직원보다 훨씬 더 전문적이고 열정 있는 모습으로 어필할 수 있을 것이다. 어떻게 해야 할지 막연하다고? 그럴 때면 다시 한 번 이 책을 펼치면 된다.

지은이 **신은주**

1973년 4월생으로 연세대학교 대학원 졸업 후 한양대학교 신문방송학과 박사과정을 수료했다. 2006년까지 한화그룹 광고대행사 '한컴' 카피라이터로 재직하면서 대한생명, 동양매직, SK텔레콤, 63빌딩 등의 광고 캠페인을 진행했다. 그후 여성가족부 정책홍보팀 사무관으로 2년간 있으면서 다양한 정책 캠페인, 온라인 홍보 등을 추진했으며, 서울시에서는 3년간 광화문 광장, 아리수 등의 언론홍보를 맡았다. 여성가족부 육아데이 캠페인에서 친구 같은 아빠라는 뜻의 '프렌디(friend+daddy=friendy)'라는 신조어를 만들었다.

이메일 주소: pizilia@naver.com

정책홍보 잘하는 법

당신이 지금 당장 실무에 쓸 수 있는 정책홍보 가이드!

ⓒ 신은주, 2015

지은이 | 신은주
펴낸이 | 김종수
펴낸곳 | 한울엠플러스(주)

초판 1쇄 발행 | 2015년 9월 30일
초판 2쇄 발행 | 2018년 12월 14일

주소 | 10881 경기도 파주시 광인사길 153 한울시소빌딩 3층
전화 | 031-955-0655
팩스 | 031-955-0656
홈페이지 | www.hanulmplus.kr
등록번호 | 제406-2015-000143호

Printed in Korea.
ISBN 978-89-460-6576-5 03070

*책값은 겉표지에 표시되어 있습니다.